Sicher ist sicher. Bei aller Sorgfalt, die wir in der Recherche haben walten lassen, können sich Öffnungszeiten auch einmal kurzfristig ändern, oder ein Lokal ist gerade an Ihrem perfekten Barcelona-Wochenende ausgebucht oder geschlossen. Darum empfehlen wir, grundsätzlich möglichst weit im Voraus zu reservieren. Ein kurzer Anruf genügt, und Sie können sicher sein, zur vereinbarten Zeit einen Platz zu finden.

© Süddeutsche Zeitung GmbH, München
für die Süddeutsche Zeitung Edition
in Kooperation mit smart-travelling print UG, Berlin
Reihe „Ein perfektes Wochenende ..."

Idee und Redaktion: Nancy Bachmann, Nicola Bramigk
Projektleitung: Sabine Sternagel
Texte: Judith Homoki, Nicola Bramigk, Isabel Ehrlich
Fotos: Nicola Bramigk
Covergestaltung: Stefan Dimitrov, Lena Mahr
Gestaltung und Illustration: Verena Bettin, Tanja Riccius
Produktion: Daniela Mecklenburg
Herstellung: Thekla Licht, Hermann Weixler
Druck und Bindung: optimal media GmbH, Röbel/Müritz
Printed in Germany

8. aktualisierte Auflage, 2015
ISBN: 978-3-86497-183-9

# SMART
## TRAVELLING

EIN PERFEKTES WOCHENENDE ...
BARCELONA

**7** Restaurant: La Plata
Carrer de la Mercè, 28, 08002 Barcelona
Tel: 0034 93 3151009
Seite 63

**8** Café: Granja M. Viader
Carrer d'en Xuclà, 4-6, 08001 Barcelona
Tel: 0034 93 3183486
Seite 67

**9** Café: Cerveceria Ciutat Comtal
Rambla de Catalunya, 18, 08007 Barcelona,
Tel: 0034 93 3181997
Seite 71

**10** Bar: Dry Martini & Speakeasy
Carrer Aribau, 162, 166, 08036 Barcelona
Tel: 0034 93 2175072 (Dry Martini),
Tel: 0034 93 2175080 (Speakeasy)
Seite 77

**11** Shop: Vila Viniteca
Carrer Agullers, 7,
08003 Barcelona
Tel: 0034 902 327777
Seite 83

Gut zu wissen
Tipps, Ausflüge, Spaziergänge
Seite 89 – 120

# ES LEBE DAS LEBEN!

Also dann, tief Atem holen und rein. Denn Barcelona ist keine Stadt zum Betrachten, Bewundern und Bestaunen, die richtige Perspektive gewinnt nur, wer sich selbst in Bewegung setzt. Mit entsprechendem Tempo, bitte. Müßiggang ist hier fehl am Platze. Geruhsamkeit konnte man sich hier noch nie leisten.

Denn Leben hieß in Barcelona jahrhundertelang immer auch Überleben, im Kampf gegen Invasoren, lähmende Handelseinschränkungen und systematisches staatliches Mobbing durch das zentralistische Madrid. Erst in den 80er-Jahren nach Francos Tod durfte die Stadt endlich wieder auferstehen und sie tat es, mit ungeheurer schöpferischer Energie. Die Welt sah staunend dabei zu und pünktlich zur Olympiade 1992 hatte sich Barcelona einmal mehr selbst erfunden.

Was gedacht werden kann, muss auch gemacht werden, scheint als Motto über der Stadt zu schweben, und es gilt nicht nur für die spektakulären Werke des Architekten Antoni Gaudí. Die Barcelonesen suchen sich immer wieder neue Spielwiesen und toben sich auf ihnen aus. Dabei stoßen sie gerne an die Grenzen des bisher Vorstellbaren. Waren es in den 80er-Jahren Industrie-Designer und in den 90ern Modemacher, so sind es heute katalanische Köche, die weltweit Furore machen und alle Konventionen auf den Kopf stellen.

Was kommt wohl als Nächstes? Finden Sie es heraus, erleben Sie es selbst. Und bitte keine Berührungsängste, das Beste, was Ihnen passieren kann, ist voller neuer Eindrücke und restlos inspiriert wieder nach Hause zu fahren.

# HOTEL GRANVÍA

Selbst den Gästen, die es gewohnt sind, in ausgefallenen und edlen Unterkünften zu wohnen, dürfte der Eingangsbereich und das beeindruckende Treppenhaus des Hotel Granvía ein Staunen, vielleicht sogar Begeisterung abringen. Der Blick wandert von der Rezeption weit nach oben über die weißen Säulen, die Rundbögen und verzierten Treppenaufgänge zur Glaskuppel, durch die warmes Licht strömt. Die Einrichtung des ganzen Hotels ist von schlichter Eleganz mit britischen Akzenten: dunkelbraune Ledersofas, formschöne Holzmöbel, Retro-Bilder an den Wänden und geschmackvolle Farben. Die Zimmer sind großzügig und wohnlich eingerichtet und bieten gut durchdachte Lösungen für verschiedene Ansprüche. An warmen Tagen genießen die Gäste die Terrasse – eine kleine Oase mit schicken Liegestühlen zum Entspannen, fernab von übervollen und geschmacklos gestalteten Außenbereichen vieler großer Hotels. Der Service ist aufmerksam und freundlich, das Frühstück üppig und vielfältig. Einziger Kritikpunkt: Wer ein Zimmer zur Straße gebucht hat, muss die Fenster geschlossen halten, um es ruhig zu haben. Insgesamt kann man sich in diesem stilvollen, unaufgeregten Ambiente sehr wohlfühlen.

**1** Hotel Granvía  Adresse: Gran Vía de les Corts Catalanes, 642,
08007 Barcelona – L'Eixample  Tel: 0034 93 3181900
Internet: www.hotelgranvia.com  Preise: DZ ab 120 Euro

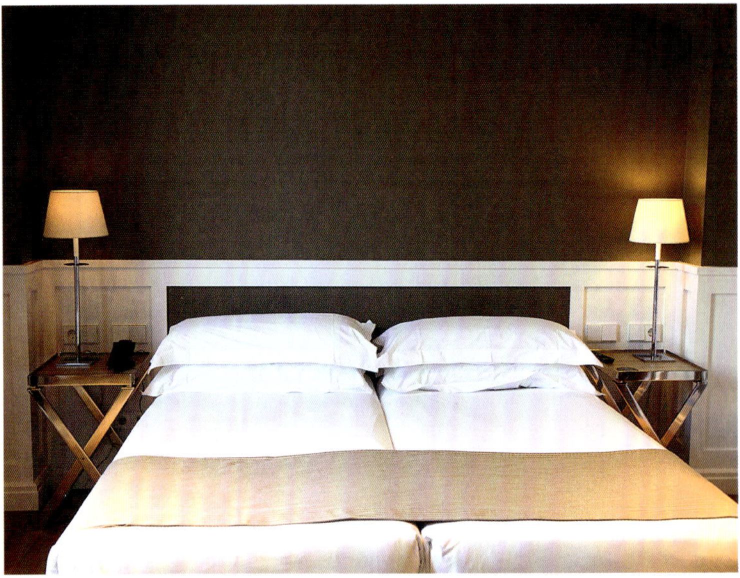

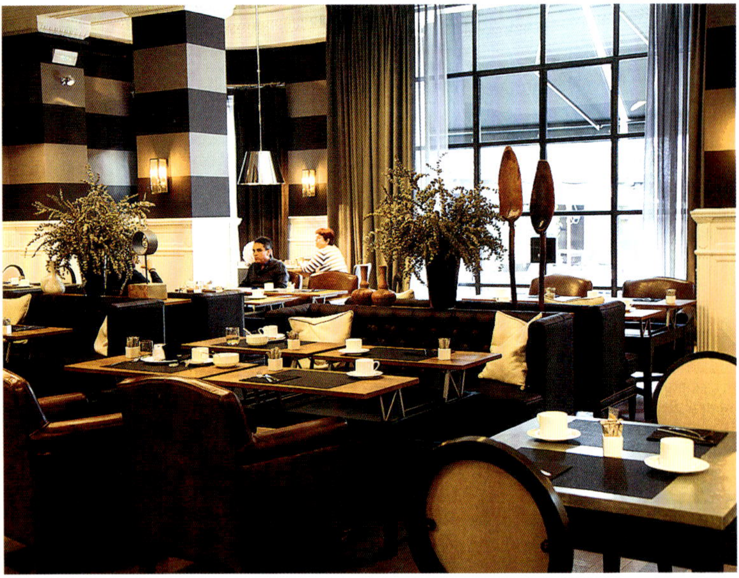

# ☞ Praktik Rambla

Moderne trifft Jugendstil: Das wunderschöne Gebäude direkt an der belebten Rambla de Catalunya beeindruckt mit hohen Decken und einem tollen Design – für die Innenausstattung ist Contemporain Studio von Lázaro Rosa-Violán zuständig, der die ursprünglichen Mosaikböden und den Stuck aus dem 19. Jahrhundert mit  futuristischen Lampen, klaren Möbeln und ausgefallenen Dekoelementen kombiniert hat. Auch die großen Bäder und die Terrasse sind einladend. Schade: die billigen Sofas und die Tatsache, dass es hier kein Frühstück gibt. Dafür gehen die Gäste ins Ciudad Gondal.

Adresse: Rambla de Catalunya, 27, 08007 Barcelona
Tel: 0034 93 3436690, Internet: www.hotelpraktikrambla.com
Preise: DZ 80 – 160 Euro

## BANYS ORIENTALS

Die beeindruckenden Fassaden und spitzen Giebel der alten gotischen Häuser im Viertel Born haben sich in den letzten Jahren nach und nach mit neuem Leben gefüllt. In den verwinkelten Gassen sind eine Vielzahl von neuen Cafés, Geschäften, Restaurants und Museen entstanden. Dazu gehört auch das Banys Orientals. Dem Stil des Viertels entsprechend verbindet das Banys Orientals Tradition und modernes Design. In dem wunderschönen Atrium, in dem sich auch das bekannte Restaurant Senyor Parellada befindet, wird das Frühstück serviert.Die Zimmer sind hell und freundlich, mit viel weißem Leinen, Akzenten in dunklem Holz und netten Details. Die charmanten Doppelzimmer befinden sich im Hauptgebäude, zusätzlich verfügt das Banys über 13 Apartments, die in benachbarten und umliegenden Gebäuden verteilt sind. Wir empfehlen die Zimmer im Haupthaus oder die Suiten im modern renovierten Nachbarhaus. Seit Langem planen die Besitzer die Eröffnung eines orientalischen Bades, doch schon jetzt ist das Banys Orientals lange im Voraus ausgebucht. Darum sollten Sie dringend rechtzeitig reservieren.

2  Banys Orientals  Adresse: Carrer Argenteria, 37, 08003 Barcelona
Tel: 0034 93 2688460  Internet: www.hotelbanysorientals.com
Preise: DZ  116 – 183 Euro, Frühstück 10 Euro

# ☞ Senyor Parellada

Ein im Innenraum so gemütliches Restaurant ist in Barcelona nicht die Regel – besonders für kühle Tage oder ein romantisches Essen zu zweit bietet das Senyor Parellada den perfekten Rahmen. Das Restaurant gehört zum Hotel Banys Orientals, das ebenfalls zu empfehlen ist. In der Küche werden klassische katalanische Speisen zubereitet, viel frischer Fisch und Gemüse, aber auch Fleisch- und Reisgerichte, die vor allem Touristen ein kulinarisches Urlaubsgefühl verleihen. Interessanterweise gehen aber hier vor allem Einheimische essen, von der Großfamilie bis zum Geschäftsmann.

Adresse: Carrer Argenteria, 37, 08003 Barcelona
Tel: 0034 93 3105094, Internet: www.hotelbanysorientals.com
Öffnungszeiten: Täglich 13.00 – 15.30 Uhr und 20.30 – 24.00 Uhr

# the 5 rooms

## THE 5 ROOMS

Natürlich ist Barcelona voller phantastischer Gebäude, Museen und Restaurants, und selbstverständlich werden Sie, nicht zuletzt dank der Hilfe dieses kleinen Büchleins, noch viel mehr schöne Dinge in dieser Stadt entdecken, aber wäre es nicht wirklich toll, hier bei echten Barcelonesen zu Gast zu sein? Jemandem, der eine helle großzügige Wohnung in einem dieser phantastischen Altbauten aus der Jahrhundertwende sein Eigen nennt, in dem vielleicht sogar ein schönes einladendes Gästezimmer auf Sie wartet? Nun, in der Stadt der Wunder ist auch dieses möglich.

Zwei Ecken von der Plaça de Catalunya entfernt hat die junge Designerin Yessica Delgado Fritz diesen Traum für Barcelona-Besucher wahrgemacht. Mit viel Liebe zum Detail hat sie das exklusive Bed & Breakfast the 5 rooms geschaffen, mit mittlerweile 12 hellen, geschmackvoll eingerichteten Zimmern, rohen Backsteinwänden, Holzböden und edlen Badezimmern mit Mosaiksteinen. An dem großen gemeinsamen Tisch im offenen Essraum wird das Frühstück zelebriert. Und während man in luftig leichte Ensamadas beißt, erfährt man von Yessica, welche Ausstellungen, Shops, Clubs oder Restaurants heute unbedingt auf dem Besuchs-Programm stehen sollten. Luxuriöserweise geschieht das alles in fließendem Deutsch, denn die gebürtige Deutsche ist in Barcelona aufgewachsen.

**3** The 5 Rooms   Adresse: Pau Claris, 72, 1°, 08010 Barcelona
Tel: 0034 93 3427880   Internet: www.the5rooms.com
Preise: DZ ab 145 Euro inkl. Frühstück

# Ein Gespräch mit Yessica Delgado Fritz

Inhaberin von the 5 rooms

### Was lieben Sie ganz besonders an Barcelona?

Die Stadt ist sehr frisch, wandelt sich ständig, ist sehr kosmopolitisch. Sie überrascht mich oft, weil sie sich ständig verändert und weiterentwickelt. Auch ich entdecke die Stadt immer wieder neu. Jetzt natürlich auch mit den Augen meiner Gäste.

### Was kann man nirgendwo besser genießen als in Barcelona?

Die Kombination Leben am Meer und in der Großstadt. Du verbringst einen ganz normalen Vormittag im Büro, gehst mittags den frischesten Fisch essen, legst Dich dann für eine Siesta an den Strand und gehst abends vielleicht auf eine coole Vernissage. Das alles spielt sich im Umkreis von zwei bis drei U-Bahn-Stationen ab.

### Wohin gehen Sie immer wieder gerne?

Auf den Boqueria Markt, hier bin ich fast täglich, der beste Ort der Welt, um frische Lebensmittel zu kaufen und natürlich auch um zu essen, ich verlasse den Markt nie, ohne irgendwo eine Kleinigkeit an einem der Stände probiert zu haben.

### Ein Gast hat nur noch 2 Stunden für ein besonderes Erlebnis, bevor er zum Flieger muss, was empfehlen Sie ihm?

Die Fondació Tàpies hier um die Ecke, sie ist in einem der wenigen Industriebauten des Eixamples untergebracht, einer ehemaligen Druckerei. Hier kann man das Werk von Antoni Tàpies bewundern, es gibt aber immer auch noch mehr zu sehen, wechselnde Ausstellungen, Filme, Lesungen. Wenn dann noch Zeit sein sollte, setzt man sich einfach auf die Terrasse des Café Zürich an der Plaça de Catalunya, da wird es einem nie langweilig und der Flughafen-Bus fährt gleich gegenüber ab.

# ELS PESCADORS

Sie sehnen sich nach einer Pause vom Trubel der Großstadt? Dann fahren Sie mit dem Taxi nach Poble Nou, zehn Minuten von der Innenstadt entfernt. Hinter dem Olympiadorf versteckt sich an der lauschigen Plaça Prim das Els Pescadors, wo man bei schönem Wetter unter einem uralten Baum inmitten vom Barcelonesen herrlich sitzen kann. Bestellen Sie als Vorspeise die köstlichen, rauchig schmeckenden Auberginenbällchen, eines der frischen Fischgerichte mit gedünsteten Kartoffelscheiben, und lassen Sie bei einem guten Wein die Seele baumeln. Eine Spezialität sind auch die Stockfisch-Gerichte von Chefkoch Medrán López, besonders gut ist die bacallà a la musselina d'all „Joseph Mercader", eine Knoblauchsauce. In seinen Gerichten schmeckt jeder sofort seine Leidenschaft für die authentisch katalanische Küche, ohne dabei zu abgehoben zu sein. Die Besitzer Pep, Josep Maria und Toia, Maria Antonia kümmern sich seit 30 Jahren rührend um ihre Gäste, damit es wirklich an nichts fehlt. Im Winter können Sie auch gut drinnen essen, aber reservieren Sie abends im alten Raum, er ist atmosphärischer und wunderschön schlicht und alt. Im Winter wird mittags nur der moderne Teil für die Gäste genutzt.

**4** Els Pescadors  Adresse: Plaça Prim, 1, 08005 Barcelona
Tel: 0034 93 2252018  Internet: www.elspescadors.com
Öffnungszeiten: Täglich 13.00 – 15.45 Uhr
und 20.00 – 23.30 Uhr, Ostern eine Woche geschlossen

## Auberginenbällchen (buñuelos de berenjena)
4 Personen

Die Auberginen im Ofen oder noch besser auf dem offenen Feuer grillen, bis die Haut schwarz ist. Jetzt die Haut abziehen und die Auberginen in dünne längliche Scheiben schneiden. Das ganze Wasser der Aubergine gut abtropfen lassen. Aus dem Ziegenkäse, den Anchovis, den abgetropften Auberginenfilets und dem Salz einen Teig mischen. Mirabellengroße Kugel formen, sie leicht in Mehl wälzen und in heißem Olivenöl frittieren.

6 Auberginen
1 runder weicher Ziegenkäse,
10 cm Durchmesser,
oder 1 Packung
Ziegenfrischkäse
3 Anchovisfilets
Salz
etwas Mehl

## 👉 Can Majó

In Barcelona draußen frischen Fisch zu essen und dabei auf das Meer zu schauen darf bei keinem Besuch fehlen. Das Can Majó ist da etwas Besonderes, weil es weniger touristisch ist, aber vor allem, weil die Küche so gut ist. Schon ein Blick in die Vitrine mit den Meeresfrüchten lässt erahnen, dass alles möglich ist. Bekannt ist die Küche für ihre hausgemachten Fischkroketten und der Fideua, einer Art Paella", die mit dünnen Nudeln in schwarzer Tinte gekocht wird. Das hohe Niveau spiegelt sich auch in den Stammgästen wider. Sie sind anspruchsvoll und verstehen etwas von guter Fischküche.

Adresse: Almirall Aixada, 23, La Barceloneta, 08003 Barcelona,
Tel: 0034 93 2215455, Internet: www.canmajo.es
Öffnungszeiten: Dienstag – Samstag 13.00 – 16.00 Uhr und 20.00 – 23.30 Uhr, Sonntag 13.00 – 16.00 Uhr, Montag geschlossen

# TAPAÇ 24

Weiter geht die Reise durch die Welt der Tapas in Barcelona. Erstklassig ist die Umsetzung der namensgebenden kleinen Häppchen im Tapas 24: Perfekt und auf den Punkt zubereitet kommen sie auf den Tisch, besonders die Bikinis sind hier ein Highlight, das man probieren sollte. Hinter dem Konzept steht Carles Avellan, der ebenfalls für das Comerç 24 im Stadtteil El Born zuständig ist, das sich mit seinen innovativen, ausgefallenen Tapas-Kreationen einen Namen gemacht hat. Das Tapas 24, die Dependance in Eixample, ist nicht minder beliebt, steht aber eher für die klassische Umsetzung der Speisen, bei denen weniger die Überraschung, sondern schlichtweg das Produkt im Vordergrund steht. Zwar gibt es hier ein paar Ausflüge in internationale Gefilde, je nach Tageskarte etwa mit Carpaccio oder Cervice, aber der Grundgeschmack ist spanisch. Und das kommt vor allem bei den vielen lokalen Gästen an, die sich an der ebenso lokalen Einrichtung erfreuen. Durch grafische Details und die extrem hohe Qualität hebt sich das Restaurant aber eindrucklich von einer 0815-Tapas-Bar ab. Dabei sind die Preise sehr fair – Sie können sich also guten Gewissens durch die Karte probieren. Im Sommer am besten an den Tischen auf der Straße, an kühlen Tagen an der Bar.

5 Tapaç 24  Adresse: Carrer de la Diputació, 269, 08007 Barcelona - L'Eixample
Tel: 0034 93 4880977
Internet: http://www.carlesabellan.es/restaurantes-tapas-24/
Öffnungszeiten: Montag – Sonntag 9.00 – 24.00 Uhr

a tapeta

TAPES del DIA
POSTRES
De LA LLOTJA
A LA PLANXA
A L'ANDALUSA

TAPAS,24
DESAYUNOS
Y

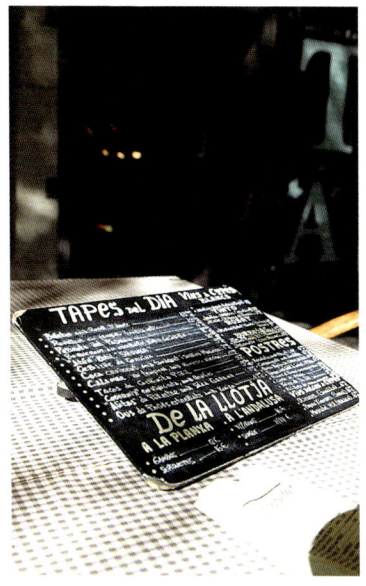

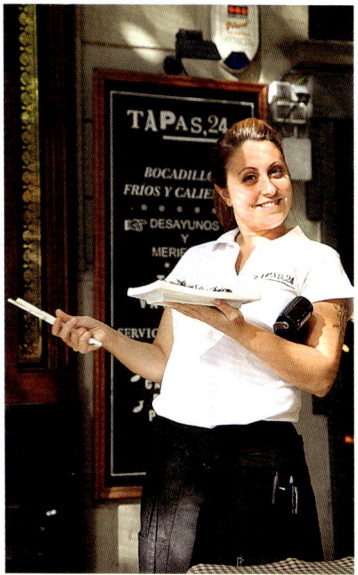

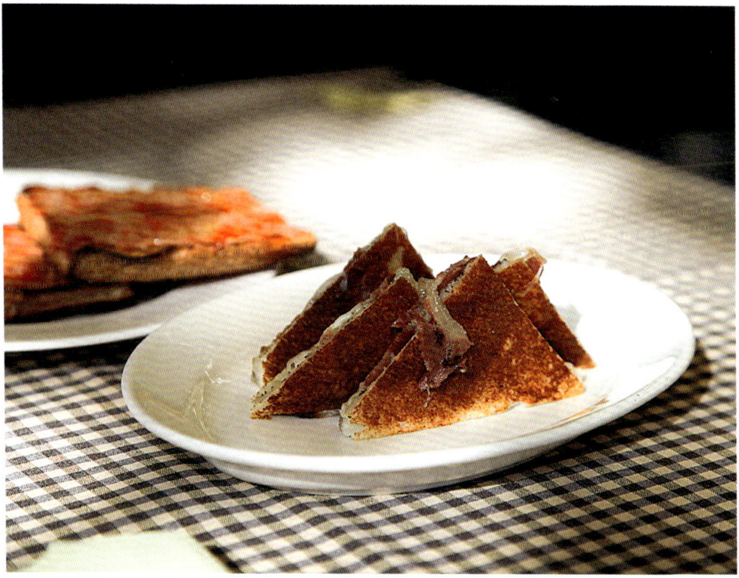

# ☞ Comerç 24

Wenn Sie Ihren Gaumen in Barcelona einmal richtig ausführen wollen, bringen Sie ihn in die Calle Comerç 24, in das Restaurant von Carles Abellan. Hier steigt jeden Abend eine Party aus sieben oder neun Gängen. Das Design ist modern und behaglich, die Bedienung smart, die Musik etwas lauter als erwartet und die Stimmung immer prächtig.

Adresse: Calle Comerç, 24, 08003 Barcelona
Tel: 0034 93 3192102
Internet: http://www.carlesabellan.es/restaurantes-comerc24/
Öffnungszeiten: Dienstag – Samstag 13.30 – 15.30 Uhr und
20.30 – 23.00 Uhr, Sonntag und Montag geschlossen

# BODEGA 1900

Ein Traum von einer Tapas-Bar: Hier geht es weniger um überambitionierte Innovationen, mit denen die Gäste beeindruckt werden sollen, sondern vielmehr um das Zelebrieren wirklich guter Produkte. Fast alle Tapas haben eine kleine Besonderheit, mit der sie sich vom Durchschnitt abheben, und bleiben dennoch authentisch. Und natürlich lecker. Ob Tomatensalat, Muscheln, selbst gemachte Pasten für das frische Brot, Fleisch oder Gemüse, auf jedem Tellerchen und in jedem Schälchen wartet ein mit Liebe und Können zubereiteter Leckerbissen.

Die Bodega 1900 hat erst 2013 eröffnet, schart aber schon eine große Fangemeinde um sich – Vorreservierungen werden bestimmt bald nötig sein. Kopf des Ganzen ist der Meister Albert Adrià, der Bruder vom noch größeren Meister Ferran Adrià. Der Chef und sein junges Team geben dem Essen und auch dem lebendigen, frischen Ambiente die entscheidende Note. Enthusiasmus und pure Lust am Kochen und Genießen, darum geht es hier, und das überträgt sich auch auf die ausgelassene Stimmung der Gäste. Tipp: Schon kurz vor 13 Uhr kommen, also kurz bevor sich die Türen öffnen, dann lässt sich meist noch ein Platz an einem der kleinen Tische oder am Tresen ergattern.

6 Bodega 1900 Adresse: Carrer Tamarit, 91, 08015 Barcelona - Ciutat Vella
Tel: 0034 93 3252659 Internet: ca.bodega1900.com
Öffnungszeiten: Dienstag – Samstag 13.00 – 20.00 Uhr, Sonntag und Montag
geschlossen

# ☞ Tickets

Auch hier haben die Brüder Adrià ihre Hand im Spiel. Und das zeigt sich nicht nur in der Tatsache, dass man hier am besten zwei Monate im Voraus reserviert – wobei das im Gegensatz zu ihrem legendären Restaurant El Bulli ja fast noch harmlos ist. Die Idee des 2011 eröffneten Tickets: Das El Bulli auf die Straße bringen und experimentelle Tapas servieren, ohne dabei den Eindruck eines steifen High-Class-Gourmettempels zu vermitteln. Albert Adrià, der hier die Hauptrolle spielt, und seine Crew erzählen Geschichten aus Barcelona: Verspielte Tische und Stühle, die ein bisschen an ein altes Varieté denken lassen, dazu dekorative Erinnerungen an das Leben der frühen Seefahrer und ihrer wartenden Frauen. Das eher entspannte und ausgefallene Ambiente täuscht aber nicht darüber hinweg, dass in der Küche Großes kreiert wird: Hier arbeiten bis zu 15 Köche mit absoluter Präzision an den unzähligen Komponenten für den Gaumenschmaus. Darunter sind molekulare El-Bulli-Klassiker wie die zerplatzenden, gefüllten Oliven, aber auch klassischere Tapas-Varianten. Alles wird einer Sinfonie gleich zusammengefügt, wobei die Gäste mitbestimmen können, was und wie viel sie essen. Für etwa 80 Euro ist die kulinarische Reise inklusive Wein zu haben. Und ein Trostpflaster: Mit etwas Glück ist um 19 Uhr spontan ein Tisch zu bekommen.

Adresse: Avinguda Parallel 164/Ecke Carrer Tamarit, 08015 Barcelona
Internet: www.ticketsbar.es, nur Online-Reservierung
Öffnungszeiten: Dienstag – Samstag 19.00 – 23.30 Uhr,
Samstag auch 13.00 – 15.30 Uhr, Sonntag und Montag geschlossen

## 👈 Pakta

Und noch ein kulinarisches Must aus dem Hause Adrià: Das Pakta ist die ja-
panisch-peruanische Interpretation der spanischen Tapas. Pakta bedeutet so
viel wie zusammen, vereint – und genau das ist hier auch in der Küche der Fall.
Zwei junge ambitionierte Chefs schwingen hier die Pfannen und Töpfe, Kioko Li
aus Japan und Jorge Muñoz aus Peru. Die Gäste wählen zwischen dem Machu-
Picchu- und dem Fujiyama-Menü und werden jeweils mit einer ganzen Riege
entsprechend gewürzter und ausgefallener Kleinigkeiten verwöhnt. Der ganze
Innenraum wird, einem Webstuhl gleich, von bunten Fäden durchzogen, dazu
die schlichten hölzernen Möbel – ein unaufgeregtes wie stilsicheres Ambiente.

Adresse: Carrer Lleida, 5, 08004 Barcelona, Internet: ca.pakta.es, nur Online-
Reservierung, Öffnungszeiten: Dienstag – Freitag 19.00 – 23.00 Uhr, Samstag
13.00 – 15.00 Uhr und 19.30 – 23.00 Uhr, Sonntag und Montag geschlossen

## ☞ La Cova Fumada

La Cova Fumada ist ein Juwel, das es nur noch selten gibt. Unverändert seit Jahrzehnten bekommen Sie mitten in Barceloneta, gegenüber des Marktes, frische Tapas und die beste „La bomba" der Stadt. Das sind kleine Kartoffel bällchen mit einer scharfen Sauce und Aioli. Doch auch die Artischocken und anderen Klassiker aus der Welt der Tapas sind einfach köstlich und ziehen täglich treue Stammkunden auf die schönen, alten Hocker.

Adresse: Carrer del Baluard, 56, Barceloneta, 08003 Barcelona
Tel: 0034 93 2214061
Öffnungszeiten: Montag – Freitag 9.00 – 15.15 Uhr
Donnerstag – Freitag 18.00 – 20.15 Uhr
Samstag 9.00 – 13.00 Uhr
Sonntag geschlossen

# ☞ Kiosko Universal

Kiosko Universal ist eine der ehrlichsten Adressen, um vorzügliche frische Fisch-Tapas auf der Boqueria zu genießen. In der ersten Reihe am linken Eingang zischeln hinter dem langen U-förmigen Tresen Pulpos, Gambas und Muscheln jeglicher Form auf dem Grill. Zum Schluss kommt noch ein Spritzer von einer köstlichen Knoblauch-Petersilien-Olivenöl-Marinade auf alles, was die Pfanne verlässt. Eine Augenweide sind neben den Köchen und dem smarten Besitzer auch die Berge an frischen Waldpilzen, die auf dem Tresen zu einem riesigen Berg aufgetürmt sind und keinen Gast unberührt lassen. Dazu einen Hauswein oder Cava, und das Leben ist rund und Fülle pur.

Adresse: Carrer La Ramba, 91, 08002 Barcelona
Tel: 0034 93 31788286
Öffnungszeiten: Montag – Samstag 7.30 – 18.00 Uhr
Sonntag geschlossen

## ☞ Pinotxo Bar

Vom frühen Morgen bis zum späten Mittag wird hier alles, was es auf dem Markt zu kaufen gibt, in exzellenter Weise zubereitet. Hausmannsküche auf Gourmetniveau. Sicher, es kostet schon etwas Überwindung gegen 7.30 Uhr Kutteln in Tomatensoße oder Tintenfische mit weißen Bohnen zu verdrücken, aber nehmen Sie diese Herausforderung an. Die kleinen tapaähnlichen Portionen sind so perfekt und köstlich zubereitet, dass Sie sowieso innerhalb von Minuten jedes Gefühl von Zeit und Raum verlieren werden.

Adresse: Mercat de la Boqueria, Carrer la Rambla 91, 08001 Barcelona
Öffnungszeiten: Täglich  6.00 – 16.00 Uhr,
Best time: zwischen 8.00 – 13.00 Uhr

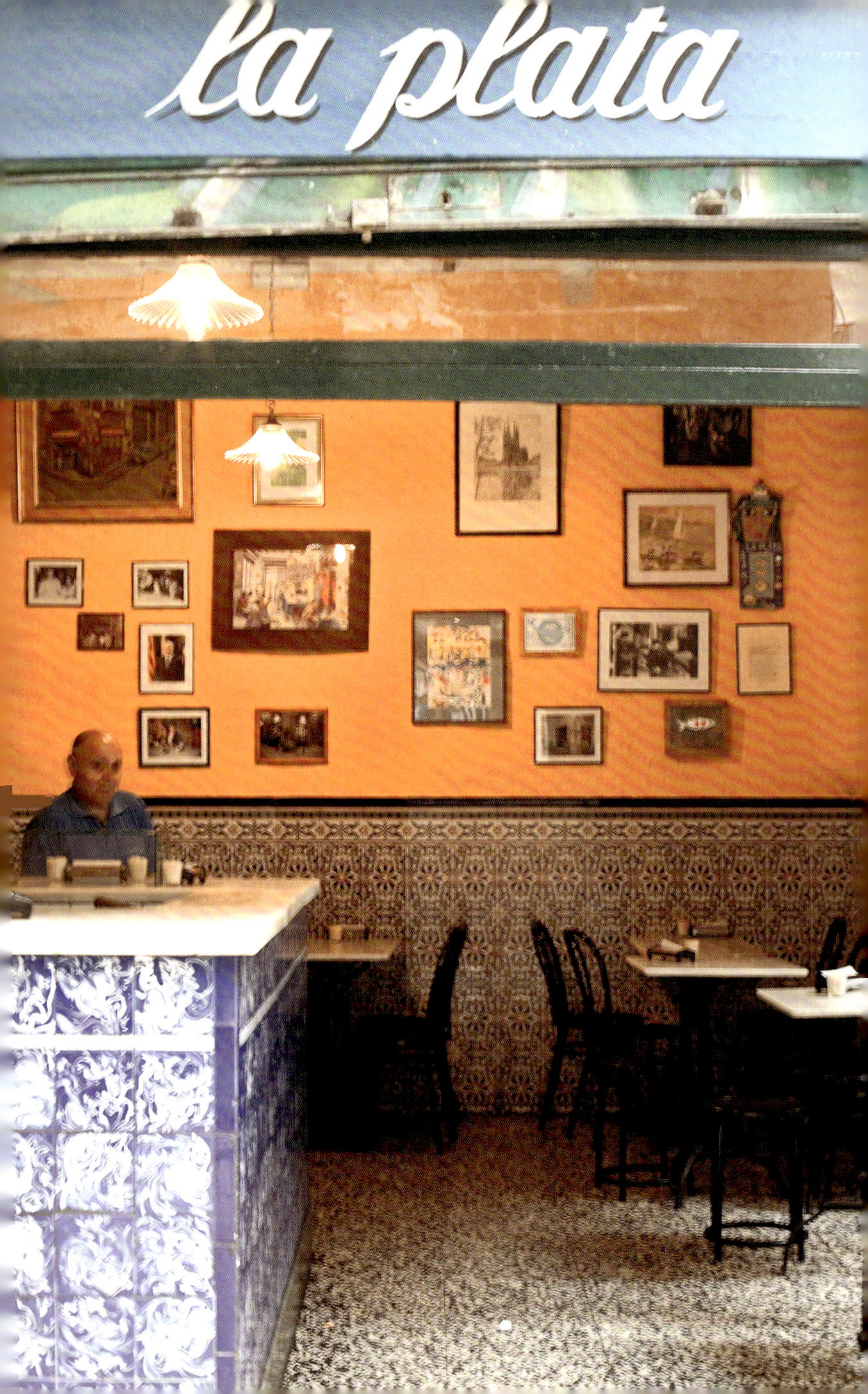
la plata

# LA PLATA

Stellen Sie sich vor, Sie haben nur 15 Minuten für das perfekte kleine Barcelona-Erlebnis, dann sollten Sie La Plata in der Carrer de la Mercè ansteuern. Sie liegt nur ein paar Schritte vom hafenseitigen Ende der Rambles entfernt im Barri Gòtic. Das Lokal ist winzig und das Angebot präzise auf die Größenverhältnisse angepasst. Es gibt hier, seit nunmehr 70 Jahren, genau drei Tapas zur Auswahl: Pescaditos, kleine frittierte Fische, Ensalada con anchoas, Salat aus Tomaten, Zwiebeln und Oliven mit Anchovis, und Pinchos de Butifarras, Brötchen mit Wurst. Besonders zu empfehlen sind die köstlichen Pescaditos, die jeden Morgen um 8 Uhr fangfrisch von den Fischerbooten der Barceloneta geholt werden. Dazu lassen Sie sich von einem der beiden Barmänner Emilio oder Pepe ein Glas Roséwein des Hauses einschenken. Während Sie beglückt ihre Fischchen knabbern, sollten Sie unbedingt ein Pläuschchen mit den Stammgästen wagen, alle über 70 und quasi Teil des Inventars. Ein Wörterbuch brauchen Sie dafür nicht. Wenn es um Themen wie die Schönheit Barcelonas und die Köstlichkeit der Fische geht, werden Sie sich mit ihnen auch ohne Katalan-Kenntnisse bestens verstehen.

7 La Plata  Adresse: Carrer de la Mercè 28, 08002 Barcelona
Tel: 0034 93 3151009  Internet: barlaplata.com
Öffnungszeiten: Montag – Samstag 9.00 – 15.30 Uhr und 18.30 – 23.00 Uhr
Sonntag und im August geschlossen

## GRANJA M. VIADER

Es ist ein bisschen so, als würde man eine gute alte Tante auf dem Lande besuchen, hier kann man wieder Kind sein und sich rundum verwöhnen lassen.
Die Granja M. Viader, unweit der Plaça de Catalunya, ist wie ein kleines
gesundes Schlaraffenland. Es gibt Milchmixgetränke, Jogurts, Kuchen,
Puddings, Käse in allen erdenklichen Variationen. Seit 135 Jahren ist die
schönste Milchbar von Barcelona Versorgerquelle für ein breites gemisch-
tes Publikum von Jung und Alt, süchtig nach einer Tasse Chocolate Suisso,
puddingdicker heißer Schokolade mit einem Berg Schlagsahne oder einem
erfrischenden Glas Mandelmilch. Hier lässt man sich gerne verwöhnen
und fühlt sich in dem alten gekachelten, wundervoll dekorierten Gastraum
einfach geborgen. Dafür sorgt auch die Inhaberin Mercè Casademunt, die das
kleine Geschäft in bewährter Familientradition zusammen mit ihrem Sohn in
der 5. Generation voller Leidenschaft führt. Alles, was auf der Karte steht,
wird täglich frisch in der hauseigenen Produktion zubereitet, wie eh und je.

8  Granja M. Viader   Adresse: Carrer d'en Xuclà, 4-6, 08001 Barcelona
Tel: 0034 93 3183486   Internet: http://www.granjaviader.cat/
Öffnungszeiten: Montag – Samstag 9.00 – 13.15 Uhr und 17.00 – 21.15 Uhr,
Sonn- und Feiertage geschlossen

LLET
MALLORQUINA
VIADER

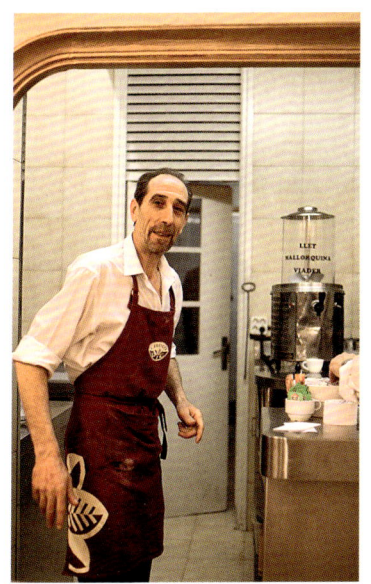

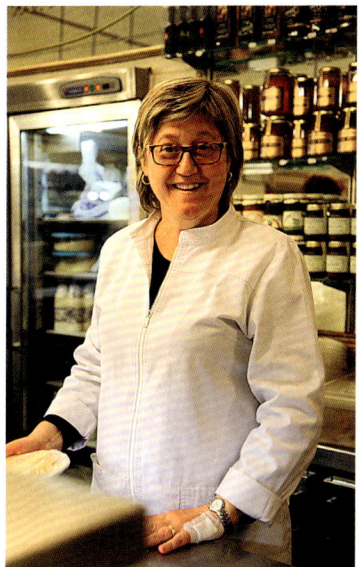

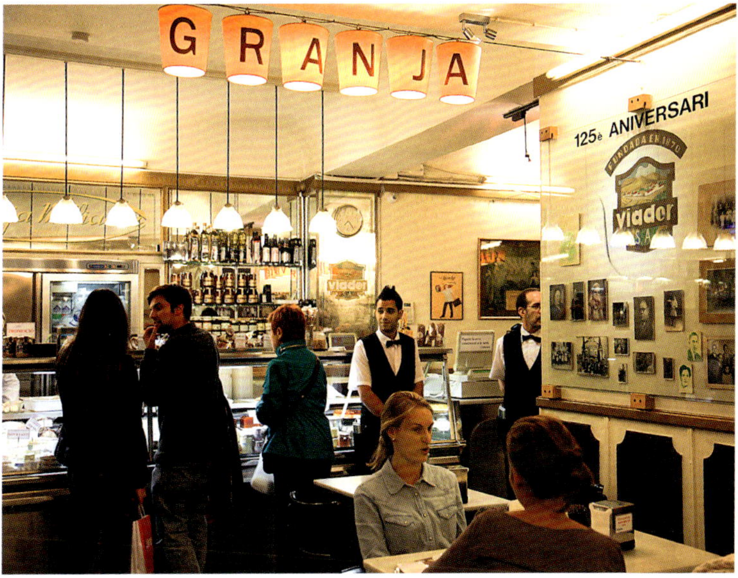
GRANJA
125è ANIVERSARI
FUNDADA EN 1870
Viader
S.A.

# CERVECERIA CIUTAT COMTAL

Dieses Restaurant ist ein Klassiker in Barcelona, den man schlichtweg nicht verpassen darf. Dabei ist es fast egal, zu welcher Tageszeit man durch die Tür unter den schwarzen Markisen tritt, denn in der Cerveceria Ciutat Comtal gibt es von morgens bis abends empfehlenswerte Gerichte. Der schönste Platz zum Frühstücken ist definitiv die Bar, an der man sich gemütlich auf den dunklen Holztresen lehnen und eines der schlanken Baguettes in allen erdenklichen Ausführungen genießen kann. Dabei kommen Fleischesser eigentlich nicht an dem Ibérico-Schinken vorbei, der so zart und leider auch herrlich fettig ist, dass er förmlich aus dem Brot herausfließt und auf dem Teller einen kleinen Hügel bildet. Dazu gibt es einen Cortado, elegant serviert von den charmanten Barristas hinter der Theke. Für einen Plausch und alle, die so schnell nicht wieder gehen möchten, sind die Tische im hinteren Bereich ideal. Was das bunt gemischte Publikum aus Jung und Alt, Einheimischen und Besuchern eint, ist die Lust auf gute Qualität und gute Stimmung. Wer abends kommt, braucht hier etwas Geduld – für den etwas entspannteren Besuch eignen sich die Morgenstunden und die Phasen zwischen den Stoßzeiten.

**9** Cerveceria Ciutat Comtal   Adresse: Rambla de Catalunya, 18, 08007 Barcelona   Tel: 0034 93 3181997
Öffnungszeiten: Täglich 8.00 – 1.30 Uhr, Sonntag ab 9.00 Uhr

# DRY MARTINI & SPEAKEASY

Die stilvollste Bar in Barcelona ist die Dry Martini Bar. Sie ist die altehrwürdige Mutter aller Bars mit klassisch gekleideten, erfahrenen Barkeepern und dem besten Dry Martini der Stadt. Er wird nicht gemixt, wie es das Rezept auf dem Spiegel über dem Tresen vermuten lässt. Nein, man bevorzugt eine eigene Hausmischung, in der das Öl der Zitronenschale tropfenweise dem Dry Martini beigegeben wird und auch das Verhältnis Gin zum Vermouth ein anderes ist. Genießen können Sie den Drink an der schönen langen Bar. In einer Gruppe zieht man sich am besten auf die Ledersofas zurück, wo genügend Nischen Raum für alle bieten. Laute Musik gibt es im Dry Martini nicht, es ist die Bar zum Plaudern nach dem Essen.

Apropos Essen. Das Speakeasy ist ein privates Restaurant der Bar, für das man reservieren muss. Man bekommt ein Passwort und spricht es beim Eintreten in den Türöffner. Hier finden private Runden statt, aber auch offene gemischte Abende. Es gibt 50 Plätze, doch ohne Reservierung geht es wirklich nicht. Das Wort „Speakeasy" bedeutet Flüsterkneipe und stammt aus New York aus einer Zeit, in der Alkohol nicht ausgeschenkt werden durfte und man sich in den hinteren Räumen flüsternd zum Trinken getroffen hat.

**10** Dry Martini & Speakeasy  Adresse: Carrer Aribau, 162, 166, 08036 Barcelona
Tel: 0034 93 2175072 (Dry Martini), Tel: 0034 93 2175080 (Speakeasy)
Internet: www.drymartinibcn.com
Öffnungszeiten: Täglich ab 13 Uhr bis Open End

DRY MARTINI
ORIGINAL RECIPE
1/2 LONDON DRY GIN
1/2 FRENCH VERMOUTH
1 DASH ORANGE BITTERS
UEEZE LEMON RIND. ADD A GREEN OL

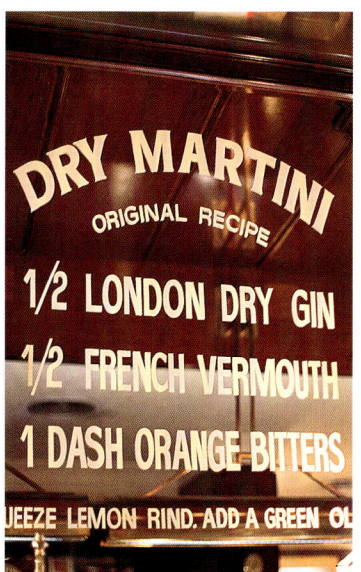

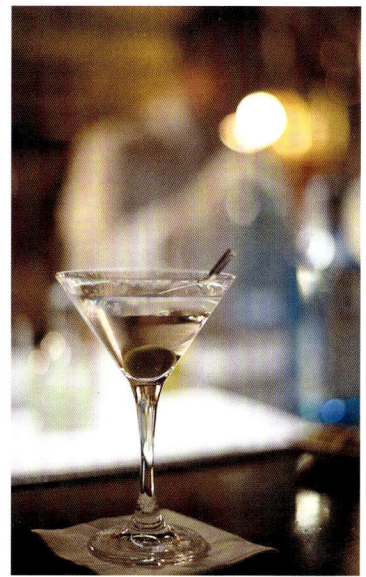

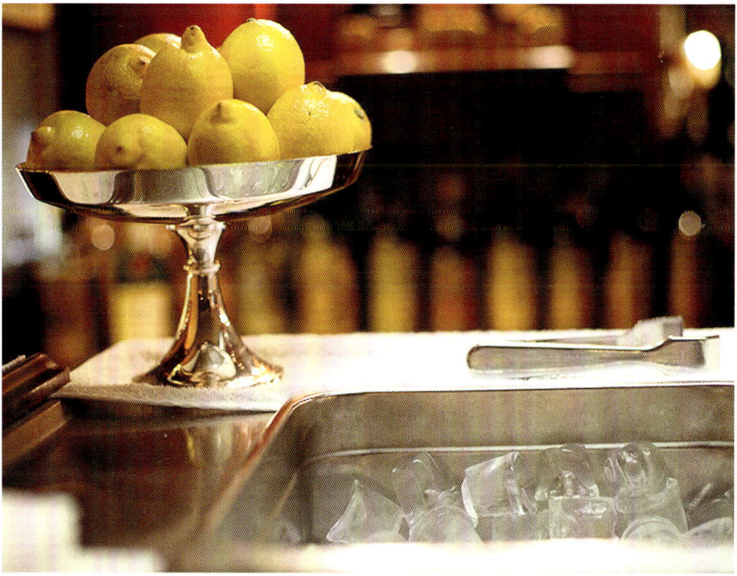

## ☞ Gimlet Bar

Probieren Sie den Gimlet, aber seien Sie gewarnt: Dieser Cocktail hat Suchtpo-tenzial! Wer einen Platz an der Bar ergattert hat, kann sich sogar die Mischung merken, die hinter der Bar elegant zubereitet wird: drei Teile Bombay Gin und ein Teil Rosé Lime mit vielen Eiswürfeln gerührt (nicht geschüttelt, James Bond lässt grüßen). Wie in jeder erstklassigen Bar in Barcelona gibt es auch erstklas-sige Tapas, schließlich muss ja eine gute Grundlage geschaffen werden. Der ideale Ort für entspannten Genuss und gute Gespräche, mit einem Publikum ab 35 aufwärts. Dazu passt auch die klassisch-moderne Einrichtung.

Adresse: Carrer de Santaló, 46, 08021 Barcelona,
Tel: 0034 93 2015306, Internet: www.gimlet-bar.com
Öffnungszeiten: Montag – Mittwoch 18.00 – 1.00 Uhr, Donnerstag 18.00 –
2.30 Uhr, Freitag und Samstag 18.00 – 3.00 Uhr, Sonntag geschlossen

# VILA VINITECA

Für Feinschmecker der perfekte Ort – egal ob man auf der Suche nach besonderen Getränken oder Speisen ist, die besten ihrer Art finden sich hier. Die Vila Viniteca bündelt katalanische und internationale Spezialitäten in verschiedenen Abteilungen, zum Beispiel in einem eigenen Bereich, La Teca, für edle Schinken- und Käsesorten, die hinter Glas bestaunt und natürlich auch verköstigt werden können. Auch andere ausgefallene und extrem hochwertige Produkte sind hier hübsch präsentiert zu kaufen. Gegenüber findet sich der Weinladen, der eigentliche Kern des Geschäftes. Die Vila Viniteca wird seit 1932 in der dritten Generation familiengeführt und ist eine der ältesten und renommiertesten Weinhandlungen Spaniens. Sie vertritt über 200 Weinkeller aus aller Welt exklusiv und hat damit insgesamt über 8000 Weinsorten im Programm. Der helle und freundliche Laden mit den unzähligen, hübsch drapierten Flaschen verführt zum Stöbern, Fachsimpeln und Probieren – Weinproben sind hier übrigens möglich. Der ideale Ort, um ein kulinarisches Souvenir zu erstehen, das dem Beschenkten daheim auf jeden Fall Freude bereiten wird.

**11** Vila Viniteca  Adresse: Carrer Agullers, 7, 08003 Barcelona - El Born
Tel: 0034 902 327777  Internet: www.vilaviniteca.es
Öffnungszeiten: Montag – Samstag 8.30 – 20.30 Uhr, Juli und August:
Samstag 8.30 – 14.30 Uhr

VILA
VINI
TECA

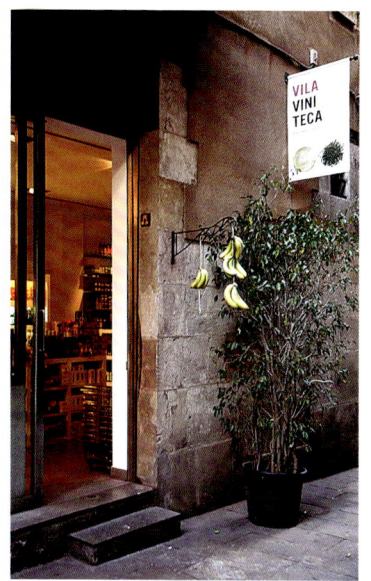

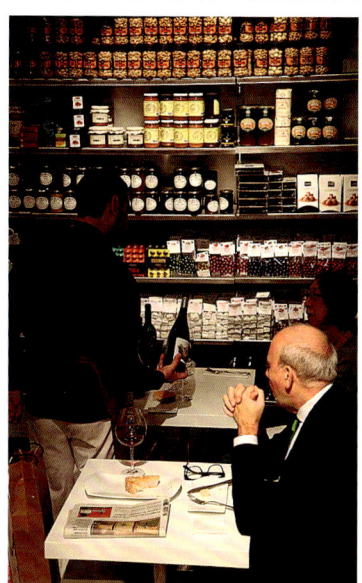

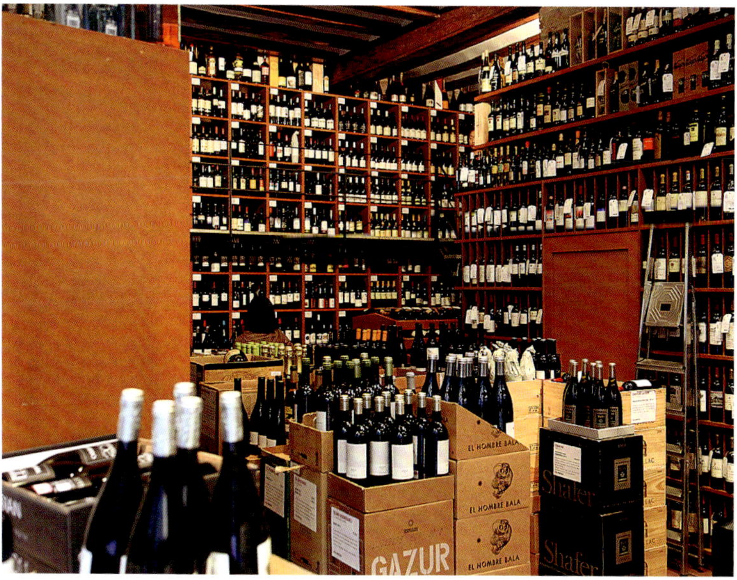
EL HOMBRE BALA
EL HOMBRE BALA
EL HOMBRE BALA
GAZUR
Shafer
Shafer

## ☞ Colmado Quilez

Von den Rambles kommend sieht man schon von Weitem die hohen Fenster, hinter denen Berge von Konserven, Oliven und Weinen gestapelt sind. Betritt man dann den Laden, kommt man sich vor wie in einem kleinen Museum für spanische Esskultur. Auf nur 40 qm drängen sich konservierte Tapas aller Art, Öle, Essige, Oliven, Süßigkeiten und Marmeladen, an den bunten Packungen hätte Andy Warhol seine Freude gehabt. Dazu gibt es noch 3500 spanische Weine, Schnäpse, Liköre und Whiskys, Kuchen, Tourones und Kekse. Ein Tante-Emma-Laden der Superlative.

Adresse: Rambla de Catalunya, 63,  08007 Barcelona
Tel: 0034 93 2152356 , Internet: www.lafuente.es
Öffnungszeiten: Montag – Freitag 9.00 – 14.00 Uhr und 16.30 – 20.30 Uhr,
Samstagnachmittag und Sonntag geschlossen

**SMART TRAVELLING**

Barcelona ist groß, darum ist dieser Infoteil so klein. Hier erfahren Sie nicht alles und jedes, sondern genau das, was Sie für ein perfektes Wochenende brauchen. Wenige, aber genau die richtigen Informationen: Wissenswertes über die katalanische Lebensart, Barceloneser Persönlichkeiten und Tipps für Unternehmungen am Sonntag.

Dazu einen Stadtplan mit all unseren Lieblingsadressen, damit Sie nicht lange suchen müssen, sondern gleich anfangen können Barcelona zu genießen.

## KATALANISCH

### Rauxa y seny

Diese beiden, leider nicht präzise übersetzbaren Begriffe werden Ihnen in Barcelona sicher häufiger begegnen, sie beziehen sich auf die beiden angeblich wichtigsten Merkmale der katalanischen Mentalität. *Seny* steht für Fleiß, Zielstrebigkeit, Strukturiertheit und Ordnungsliebe, wohingegen *Rauxa* Verrücktheit, Kreativität, Wagemut und ein Fünkchen Anarchie bedeutet. Es heißt, der Anteil an *Rauxa* würde sich, je weiter man in Richtung Osten die Küste hinauffährt, steigern. Ähnlich wie beim Föhn in Bayern schiebt man die irritierenden menschlichen Verhaltensweisen, die *Rauxa* verursachen kann, auf die dort vorherrschenden heißen Winde. *Rauxa* und *Seny* finden sich in den Charakteren vieler katalanischer Persönlichkeiten und Werke wieder. Salvador Dalí, mit seinem einerseits klassischen, technisch perfekten Malstil und den andererseits psychedelischen surrealen Motiven ist nur ein Beispiel dafür.

Die polarisierenden Elemente zeigen sich auch im Stadtviertel Eixample, das zwar rigide auf dem Reisbrett geplant wurde, dann jedoch teilweise von den Architekten des *Modernisme* in einer extrem kreativen Architektur umgesetzt wurde.

## Madrid? Nein danke

Katalonien liegt zwar im Staate Spanien, ist aber de facto eine eigene Nation, mit eigener Sprache, Kultur, Bräuchen und allem was dazugehört. Amtssprachen sind Katalanisch und Spanisch. Katalonien hat rund 7,0 Millionen Einwohner und grenzt im Norden an Frankreich und Andorra, im Westen an Aragonien und im Südwesten an die Region Valencia. Barcelona ist seine Hauptstadt. Seine wechselvolle Geschichte ist durch das Streben nach Autonomie geprägt, bei den zahlreichen Konflikten zwischen Spanien und Frankreich stand Katalonien mal auf der einen, mal auf der anderen Seite, immer in dem Streben seine Unabhängigkeit wiederzugewinnen oder zu bewahren.

Die Industrialisierung begann in Katalonien früher als in anderen Teilen Spaniens, vor allem um Barcelona herum entstanden zahlreiche Fabriken. Trotz oder gerade wegen seines Reichtums und dem Fleiß und Geschick seines Volkes wurde Katalonien Jahrhunderte hindurch geknechtet und ausgebeutet. Mehr denn je ab 1939 unter Franco.

Das Sinnbild für diese Unterdrückung ist Madrid, die Hauptstadt Spaniens, seit jeher Zentrum des Adels, Sitz des Königshauses und der Regierung. Madrid ist die Geißel Barcelonas. Doch ohne Madrid wäre Barcelona nicht das, was es heute ist. Die Katalanen reiben sich nicht nur auf an diesem Feindbild, die Rivalität eint die Barcelonesen und spornt die Stadt immer wieder zu Höchstleistungen an.

Nirgendwo ist sie heute stärker spürbar als auf dem Fußballfeld. Bei einem Spiel FC Barcelona gegen Real Madrid treffen diese beiden Welten aufeinander, dann heißt es Velázquez gegen Picasso, es geht um ungerechte Steuersysteme, großstädtische Borniertheit, katalanischen Nationalstolz und ganz nebenbei auch um Tore.

Spanisch und Katalanisch sind komplett unterschiedliche Sprachen. Darum ist Katalanisch für einen Spanier nicht ohne Weiteres verständlich, ähnlich wie Deutsch für einen Holländer. Katalanisch ist regionale Amtssprache in Katalonien, auf den Balearen und in Valencia. Aber das war längst nicht immer so. Während der Franco-Diktatur war die katalanische Sprache streng verboten, Ortsnamen und sogar Personennamen wurden spanisiert. Es war lebensgefährlich, katalanisch zu sprechen, Messen abzuhalten oder katalanische Bücher zu vertreiben. Doch die Katalanen, jahrhundertelang geübt im Widerstand, bewahrten sich ihre Sprache im Untergrund. Mit dem Tod Francos begann eine Wiederbelebung der katalanischen Kultur. Spanisch–castellano – und Katalanisch – català – stehen sich heute offiziell gleichberechtigt gegenüber, wobei das Katalanische immer dominanter wird, in den Schulen wird auf Katalanisch unterrichtet, alle behördlichen Formulare sind auf Katalanisch verfasst, katalanische Medien werden finanziell gefördert und sogar Unternehmen müssen ihre Publikationen auch in Katalanisch herausgeben. Viele spanischsprachige Zuwanderer aus anderen Landesteilen empfinden dies als Schikane, ihnen werden vielerorts kostenlose Sprachkurse angeboten, denn ohne Katalan läuft heute fast gar nichts mehr. Ob Radio oder Fernsehen – in Katalonien hört man nur noch wenig Spanisch, die jüngere Generation spricht heute meist besser katalan als kastellan, Tendenz steigend.

## Allgemeines:

Hallo.............................................................................................................Hola
Ich bin............................................................................................Em dic
Ich komme aus............................................................................Sóc de
Ja........................................................................................................Sí
Nein....................................................................................................No
Bitte...............................................................................................Si us plau
Danke schön...........................................................................Moltes gràcies
Entschuldigung...............................................................................Perdó
Guten Morgen..............................................................................Bon dia
Guten Tag.......................................................................................Bon dia
Guten Abend..............................................................................Bona tarda
Gute Nacht....................................................................................Bona nit
Wie heißt Du...........................................................................Com et dius?
Wie geht es?..............................................................................Com estàs?
Danke gut.............................................................................Molt be gràcies
Toll.................................................................................................Fabu
Super .............................................................................................Molt bé
Phantastisch..............................................................................Fantàstic
Nein danke..................................................................................No gràcies
Bitte nicht...................................................................................No gràcies
Auf keinen Fall.......................................................................De cap manera
Geöffnet...........................................................................................obert
Geschlossen....................................................................................tancat

## Unterwegs:

Wo geht es zu...?........................................................................Com es va a...?
Wie weit ist es nach...?.........................................................És molt lluny...?
Wie bekommt man hier ein Taxi?........................................On puc trobar un Taxi?
Wo ist die nächste U-Bahn-Station?................On és la pròxima parada de metro?

## Beim Einkaufen:

Wo gibt es...?..................................................................................On és...?

Ich möchte.......................................................................................Voldria

Haben Sie...?.........................................................................................Té...?

Wie viel kostet das?......................................................................Què val?

Das nehme ich...................................................................Val, m'ho quedo

Geben Sie mir bitte davon.......................................Doni'm...d'això

Geben Sie mir bitte 100 Gramm/1 Kilo..........100 grams/un kilogram de

Etwas mehr...................................................................Una mica més

Etwas weniger.............................................................Una mica menys

Können Sie mir das vakuumieren?.................M'ho pots empaquetar sense aire?

Bitte in Scheiben...............................................................a rodanxes

Bitte im Stück......................................................................un tros

Danke, das ist alles........................................gràcies, això es tot


## Im Restaurant:

Ich möchte gerne einen Tisch reservieren..Voldria reservar una taula si us plau

Die Speisekarte bitte.............................................La carta si us plau

Ich hätte gerne....................................................................Voldria

Was empfehlen Sie heute?................................Que recomana avui?

Was ist Ihre Spezialität?..................Quina es la especialitat de la casa avui?

Welchen Wein würden Sie mir empfehlen?.................Quin vi em recomana?

Ich hätte gerne einen Kaffee..........................Voldria un cafè

Das schmeckt köstlich...........................................Esta molt bo

So etwas Gutes habe ich noch nie gegessen............No he menjat mai res tan bo

Kompliment an die Küche...........................................Feliciti el cuiner

Die Rechnung bitte.............................................El compte si us plau

Kann man mit Kreditkarte zahlen?................Puc pagar amb targeta de crèdit?

Ich komme wieder.............................................Tornarem un altra cop

Essen kann man in Barcelona eigentlich rund um die Uhr, hier ein paar Anhaltspunkte, wann die Barcelonesen wo und welche Mahlzeit einnehmen.

Die erste Mahlzeit des Tages findet zu Hause statt, das Frühstück *el esmorzar* besteht aus *Cafe amb llet*, Milchkaffee, und ein paar Keksen oder Toast.

Dann beginnt der Tag, gegen 11 Uhr findet man sich im Café um die Ecke zu einem zweiten kleinen Frühstück ein, das kann ein gegrilltes *Toast Tostada* oder ein Croissant sein.

Um Punkt 13 Uhr schließen die meisten Läden, die Büros leeren sich und ganz Barcelona begibt sich zum Mittagessen: *el dinar*. Wer es nicht weit hat, geht nach Hause und speist dort im Kreise der Familie. Alle anderen dehnen den *aperitivo* in der Bar einfach etwas aus und erhöhen die Anzahl der Tapas. Ohnehin ernährt man sich hier am liebsten häppchenweise. Um 17 Uhr öffnen die meisten Läden wieder und zwischen den Einkäufen pausiert man gerne in einer *granja*, den klassischen Milchbars, oder einem *salon de te*.

Die Bars sind dann erst wieder gegen 19 Uhr dran, wenn man hier den Arbeitstag ausklingen lässt und sich auf dem Weg nach Hause oder ins Restaurant ein kleines Bier, *Caña*, oder ein Gläschen Sherry mit ein paar weiteren Häppchen genehmigt.

Das Abendessen *el sopar* beginnt nicht vor 21 Uhr, im Sommer oft erst um 23 Uhr. Am Sonntag haben viele Restaurants geschlossen, die Familien versammeln sich dann in der Regel zum traditionellen Sonntagsbraten, der auch gerne als Picknick im Freien eingenommen wird.

## DELI SHOPPING IM BORN-VIERTEL

Köstlicher Spaziergang im Born-Viertel

Die verwinkelten Gassen rund um den Passeig del Born sind heute ein Mikrokosmos aus angesagten Restaurants, jungen Fashion Labels, Bars, Cafés und Designer-Läden. Hier kann man zu jeder Tages- und Nachtzeit das moderne Barcelona mit Händen greifen.

Zwischen all dem Neuen und sorgfältig Sanierten gibt es jedoch auch eine Vielzahl traditionsreicher kulinarischer Adressen, die zum Staunen, Probieren und Mitbringsel-Einkaufen einladen.

# La Ribera, S. A.

**La Ribera**

Wenn Gepäckbeschränkungen kein Problem für Sie sind, ist La Ribera Ihre Adresse. In diesem Feinkost-Großhandel, der auch an Einzelkunden verkauft, finden Sie alle Köstlichkeiten Barcelonas zu sagenhaft günstigen Preisen. Die Atmosphäre ist natürlich nicht so schön wie im Markt La Boqueria, aber das Angebot ist riesig und die Beratung kompetent.

Plaça Comercial, 11, 08003 Barcelona
Tel: 0034 93 3195206
www.laribera-sa.es
Montag – Freitag 7.30– 13.30 Uhr
und 16.30 – 20.00 Uhr,
Samstag 16.30 – 19.00 Uhr

**La Botifarrería**

Ein Paradies für alle, die frische Würstchen lieben und mehr probieren möchten als die klassischen *Chorizos*. Über 40 Varianten sind hier ständig im Angebot, es gibt Enten-, Lamm-, Wildschwein- und Gänsestopfleber-Würste, mit Spinat, Käse, Paprika, Piment oder anderen saisonalen Zutaten. Hier kauft auch Pep aus dem Cal Pep seine unvergleichlich gute *Botifarra*.

Carrer de Santa Maria, 4,
08003 Barcelona
Tel: 0034 93 3199123
www.labotifarreria.com
Montag – Samstag 8.15 – 14.30 Uhr
und 17.00 – 20.30 Uhr

# montiel

**Montiel**

Von Wein über Schinken, Konserven und Reis kann man bei netter Beratung das Beste kaufen, was das Land hervorbringt. Die Auswahl der Produkte ist mit einem Auge und der Zunge eines Genießers und Kenners getroffen, der seiner Suche nach erlesenen Produkten mit Leidenschaft nachgeht.

Carrer dels Flassaders, 19,
08003 Barcelona
Tel: 0034 93 2683729
www.grupmontiel.com
Montag – Mittwoch 11.00 – 20.30 Uhr,
Donnerstag – Samstag
12.00 – 20.30 Uhr

Bubó

In seinem modern gestalteten Laden verkauft Carles Mampel aus Glasvitrinen französische Macarons und feinste Patisserie-Kreationen, die die Kunden in kleinen Schatullen vorsichtig nach Hause tragen oder direkt nebenan in der bubó Bar genüsslich verzehren.

Caputxes, 10, 08003 Barcelona
Tel: 0034 93 2687224
www.bubo.ws
Sonntag – Donnerstag
10.00 – 21.00 Uhr
Freitag – Samstag 10.00 – 0.00 Uhr

## BARCELONESISCHE BEST OF DELIS

Coca d'anis
Süße Hefebrotfladen mit Anis und Pinienkernen bestreut

Pasticceria Escribà
Rambla de les Flors, 83,
08001 Barcelona
Tel: 0034 93 3016027
Täglich 8.30 – 21.00 Uhr

Horxata
Eine der besten frischen Horxata, eine Erdmandelmilch, bekommen Sie bei La Valenciana auf dem Boqueria Markt.

La Valenciana
Mercado de la Boqueria
Rambla, 91, 08001 Barcelona
Tel: 0034 93 3018578

Burger – Lobo Burger
Der Lobo Burger ist einmalig, und das hat sich schnell herumgesprochen. In diesem wunderschön umgesetzten Konzept, das moderne Tapas anbietet, finden sich auch andere gute Dinge auf der Karte, doch alle lieben den Burger. Das Design beinhaltet alle Sympathiepunkte, die man heute braucht – ein Lieblingsort, den sich jeder wohl gleich in Büronähe wünscht, um hier seinen Lunch zu genießen.

Bar Lobo
Carrer del Pintor Fortuny, 3,
08001 Barcelona
Tel: 0034 93 4815346
Täglich 9.00 – 24.00 Uhr,

Brot, Kuchen
Für den süßen Hunger zwischendurch empfiehlt sich das Barcelona Reykjavik: Eine Bäckerei wie aus dem Bilderbuch,

die in die Realität katapultiert wurde. Alle Backwaren sind ökologisch und genau zur richtigen Zeit aus dem Ofen geholt, nicht zu dunkel, nicht zu trocken. Hier zählt die Qualität. Die Produkte sind einfach präsentiert, schmecken dafür aber zehnmal besser als die Supermarkt-Backwaren, fast wie von Oma gemacht, ob katalanische Spezialitäten, französische Klassiker, Kekse oder deftiges Sauerteigbrot. Hinter der Theke steht eine bezaubernde Frau mit Schürze, die den Bilderbuch-Look perfekt macht.

Barcelona Reykjavik, Filiale El Born
Carrer de la Princesa, 16,
08003 Barcelona
Tel: 0034 93 1866336
www.barcelonareykjavik.com
Montag – Samstag 10.00 – 21.00 Uhr
Sonntag: 9.30 – 20.00 Uhr
Filiale El Raval
Carrer del Doctor Dou, 12,
08001 Barcelona
Tel: 0034 93 3020921
Montag – Samstag 10.00 – 21.00 Uhr
Sonntag: 9.30 – 20.00 Uhr

Croissants/Moshis

Japanisches Flair ohne Kitsch, dafür mit unvergesslichen süßen Geschmackserlebnissen: Das Café mit Konditorei und Patisserie verbindet verschiedene kulinarische Einflüsse zu einem harmonischen Ganzen und legt dabei viel Wert auf Qualität. Vater und Sohn zaubern kleine Wunderwerke: Die Mochis gefüllt mit grünem Matchatee oder Erdbeercreme sind ein Traum, genauso wie die Madeleines mit Matcha und schwarzem Sesam und die Croissants – Letztere werden als die besten in ganz Barcelona gehandelt. Am besten genießt man hier auf der Terrasse mit einem japanischen Tee.

Takashi Ochiai
Carrer del Comte d'Urgell, 110,
08011 Barcelona
Tel: 0034 93 4536383
www.ochiaipastisseria.com
Dienstag – Samstag 8.00 – 14.30 Uhr
und 17.00 – 21.00 Uhr,
Sonntag 8.00 – 15.00 Uhr

- - - - - - - - - - - - - - - - - - - - - - - - - - - - - - - - - - - - - - - - - - - - - - - -

## TAPAS

- - - - - - - - - - - - - - - - - - - - - - - - - - - - - - - - - - - - - - - - - - - - - - - -

Taperia Lolita

Der Bruder von Ferran Adria macht die besten Tapas. Am besten Sie starten gleich mit einem kühlen Cava rosé und kosten sich durch die verschiedenen Tapas – Gerichte des Tages, die liebevoll an die Schiefertafel gekritzelt sind.

- - - - - - - - - - - - - - - - - - - - - - - - - - - - - - - - - - - - - - - - - - - - - - - -

Carrer Tamarit 104 , Poble Sec

Tel: 0034 93 4245231

http://www.lolitataperia.com/en/

Dienstag und Mittwoch 19.00 – 24.00
Uhr, Donnerstag 19.00 – 2.00 Uhr, Freitag und Samstag 13.00 – 16.00 Uhr und
19.00 – 2.30 Uhr

## Cal Pep

Ein Wochenende ist kurz, darum
empfehlen wir Ihnen gleich am
Freitagabend ins Cal Pep zu gehen,
sollten Sie wie wir restlos begeis-
tert davon sein, hätten Sie dann die
Chance, am Samstagmittag noch
einmal wiederzukommen. Denn das
Cal Pep ist in höchstem Maße sucht-
gefährdend. Auch wenn der Weg
auf einen der begehrten Bar-Hocker
lang und ermüdend sein kann, einmal aufgesessen ist man am Ziel
aller Tapas-Träume. Hinter der Bar
wird gezaubert, gebraten und frittiert, alle Bestellungen werden frisch
à la minute zubereitet, die meisten
vor den Augen der Gäste.

Natürlich wird alles aufgetischt, was
Meer und Berge zu bieten haben, je
nach Saison und Fanglage gibt es
Chipirones, winzig kleine Oktopusse,
frittiert, gedünstet, mit Kichererbsen
oder weißen Bohnen, Scampis und
Calamares, eine Weltklasse Botifarra,
Bratwurst mit Gänsestopfleber und,
und, und.

Es ist komplett sinnlos sich zwischen den 30 pro Tag angebote-
nen Tapas entscheiden zu wollen,
vertrauen Sie sich darum am besten der weisen Führung des Besit-
zers und Namensgebers Pep an, er
wird Sie genau richtig einschätzen
und mit dem Besten versorgen, was
er zu bieten hat. Einmal mehr werden
Sie hier feststellen können: tiefes Vertrauen ist die Grundlage für wahren
Genuss.

Plaça de les Olles, 8, 08003 Barcelona

Tel: 0034 93 3107961

www.calpep.com

Montag 19.30 – 23.30 Uhr, Dienstag–
Freitag 13.00 – 15.45 Uhr und 19.30 –
23.30 Uhr, Samstag 13.15 – 15.45 Uhr

Best time: 1/4 Stunde vor der Öff-
nung oder zu späterer Stunde, um
lange Wartezeiten zu vermeiden.

## Bar Tomás

Die Bar Tomás ist eine Legende. Schon
seit Generationen kommen Familien,
Studenten, Kinder, alte Männer und
Hausfrauen mal eben vorbei, um die

berühmten „patatas fritas" mit einer leicht scharfen Knoblauchsauce zu essen. Sie sind wirklich köstlich, die Knoblauchfahne aber garantiert. So weitab vom touristischen Trubel verirrt sich keiner zufällig hierher, doch der Ort ist einfach großartig und einen Besuch auf jeden Fall wert.

Major de Sarrià, 49,
08017 Barcelona
Tel: 0034 93 2031077
Donnerstag – Dienstag 12.00 –
16.00 Uhr und 18.00 – 22.00 Uhr

## Bar Mut

Zu Besuch bei Freunden – so kann es sich anfühlen, wenn man als Gast in die Stimmung der Bar Mut eintaucht. Das Publikum, das entspannt und ausschließlich auf Barhockern quer durch den Raum verteilt sitzt, ist in der Regel sehr sympathisch, ein bisschen intellektuell und ziemlich gut gelaunt. Dazu trägt sicher auch der Wein bei: Eine riesige Auswahl türmt sich in den meterhohen Holzregalen an den Wänden, dazu wird köstliches frisches Brot und leckere Tapas serviert. Von der Decke hängen schlichte Lampen, und viel mehr Deko ist auch gar nicht nötig, um sich hier rundum wohlzufühlen. So wie bei guten Freunden eben.

Carrer de Pau Clarís, 192/Ecke Av. Diagonal, 08037 Barcelona - L'Eixample
Tel: 0034 93 2174338,
www.barmut.com
Montag – Freitag 12.30 – 24.00 Uhr,
Samstag und Sonntag ab 11.30 Uhr

## Can Paixano

Kein Barcelona-Besuch ohne Cava! Und als Institution für den süffigen Schaumwein, in weiß oder rosé, hat sich das Can Paixano entwickelt. Um bis zur Bar vorzudringen, seine Bestellung in Richtung Barkeeper zu schleudern und schließlich sein Glas heil wieder auf die Straße zu bugsieren, braucht man teilweise starke Nerven. Im Sommer bilden sich Menschentrauben auf der Straße. Mittlerweile muss ein Türsteher, der nicht so recht in das eigentlich gemütlich-historische Ambiente passen will, für Ordnung sorgen. Auch drinnen steht man eng gedrängt, tropfende Schinkenbrötchen und Gläser in der Hand, die Servietten werden einfach auf den Boden geworfen. Aber die Leute lieben es!

Carrer de la Reina Cristina, 7,
08003 Barcelona, Tel: 0034 93 3100839
www.canpaixano.com
Montag – Samstag 9.00 – 22.30 Uhr,
Sonntag geschlossen

Der *Jamón Ibérico de bellota* gilt als einer der edelsten Schinken der Welt. Seinen einzigartig aromatischen, nussigen Geschmack hat er den Eicheln zu verdanken, von denen sich die *Pata Negra*-Schweine fast ausschließlich ernähren. Die Schweine gehören zum äußerst exklusiven Kreis der letzten in Weidehaltung lebenden Borstenviecher Europas. Das Futter fällt ihnen zur Endmastzeit, im Spätsommer und Herbst, direkt vor die Schnauze, denn sie leben in dicht stehenden Eichenhainen. Dort tun sie das, was Schweine am liebsten tun, fressen, und da Eicheln ihre Lieblingsspeise sind, nehmen sie bis zu 1 Kilo täglich zu. Richtig fett werden sie dabei nicht, denn die Vierbeiner sind beim Fressen praktisch ständig in Bewegung, was das Fleisch besonders saftig und aromatisch macht und dem Bellota-Schinken die feinen Fettäderchen und die charakteristische Marmorierung verleihen. Seine feinherbe Süße erhält er durch die vorgeschriebene dreijährige Reifezeit. Der iberische Schinken weist wie Olivenöl eine hohe Menge an ungesättigten Fetten auf und kann demnach guten Gewissens in größeren Mengen gefuttert werden. *Pata Negra*, schwarze Pfote, ist der geschützte Begriff für den aus Eichelmast stammenden Schinken. Man unterscheidet zwischen der *Paleta*, dem Vorderbein, das etwas günstiger ist, aber weniger und schwieriger zu schneidendes Fleisch hat, und dem *Jambon*, dem perfekten Hinterschinken. Die Preise beginnen bei 20 Euro pro Kilo und steigern sich von Qualitätsklasse 1 bis 5. Der Kauf vor Ort lohnt sich jedoch in jedem Fall, denn in Deutschland zahlt man locker das Doppelte. Ein *Jambon* wiegt ca. 7–8 Kilo und sollte mit einem scharfen flexiblen Messer von Hand geschnitten werden. Da er einmal angeschnitten ca. sechs Monate haltbar ist, eignet er sich ganz hervorragend als nicht gerade kleines, aber besonders feines Mitbringsel.

Vila Viniteca
Carrer Agullers, 9,
08003 Barcelona –El Born
Tel: 0034 902 327 777
www.vilaviniteca.es
Montag – Samstag 8.30 – 20.30 Uhr

Planen Sie am Samstagvormittag unbedingt einen Bummel durch den Barri Gòtic ein, es ist einfach wunderbar sich durch die verwinkelten Gassen treiben zu lassen. Es gibt unendlich viele kleine Läden zu entdecken, meist mit einer etwas vergilbten *Modernisme*-Fassade, hier existieren noch anderenorts längst ausgestorbene Kurzwarenläden, Hutmacher und Wäscheläden. Shopping im lebendigen Museum für Einzelhandel. Hier finden Sie eine kleine Auswahl an Anlaufstellen.

### Cereria Subirà

Kerzen, Kerzen und nochmals Kerzen! In einem ganz in Blassrosa gehaltenen Laden werden aus alten Schubläden wunderschöne Kerzen in allen Farben hervorgeholt und in passenden Mengen abgezählt. Hier kaufen die Barcelonesinnen Kerzen für religiöse Zwecke und nicht etwa für die Tischdeko. Wenn Sie hier auch Einkäufe tätigen wollen, sollten Sie sich darauf gefasst machen, vorher mit den energischen, katalanischen Hausfrauen um die Aufmerksamkeit der Verkäuferin buhlen zu müssen.

Baixada Libreteria, 7,
08002 Barcelona
Tel: 0034 93 3152606

Montag – Donnerstag 9.30 – 13.30 Uhr und 16.00 – 20.00 Uhr, Freitag 9.30 – 20.00, Samstag 10.00 – 20.00 Uhr

### Sombrerería Obach

Auch wenn Sie keine Kopfbedeckung im spanischen Stil suchen, sollten Sie diesen schönen, alten Laden nicht verpassen. Die Schaufenster sind gestapelt voll mit allen Varianten, vom klassischen Barret bis zum Panama-Hut aus feinem Stroh. Innen erwartet Sie dann eine riesige Anzahl von Schubladen und Kartons, was die Suche nach dem passenden Hut zum besonderen Erlebnis macht.

Carrer del Call, 2, 08002 Barcelona
Tel: 0034 93 3184094
Montag – Freitag 9.30 – 13.30 Uhr und 16.00 – 20.00 Uhr,
Samstag 10.00   14.00 Uhr und 16.30 – 20.00 Uhr

### Heritage

Eine bekannte Adresse für seltene spanische Stoffe und Antiquitäten. Aber letztlich nur einer der vielen wunderbaren Antiquitätenläden in der Straße *Banys Nous*. Hier lohnt es sich immer zu stöbern.

Carrer dels Banys Nous, 14, Barcelona
Tel: 0034 93 3178515
Montag – Samstag 10.00 – 14.00 Uhr
und 16.00 – 19.30 Uhr

## Gotham

Bekannte Designklassiker und dekorative Objekte füllen die Räume von Gotham. Wer sich für Design interessiert, kann hier sicher einige ungewöhnliche Dinge entdecken.

Lleo 28, 08001 Barcelona
Tel: 0034 68 7040806
www.gotham-bcn.com
Montag – Freitag 17.00 – 20.30 Uhr,
ansonsten nur nach telefonischer
Absprache

## Vinçon

Der Laden, der schon seit Jahren in der Auswahl des Designs ganz weit vorne liegt. Eine große Themenpalette erstreckt sich über das große Gebäude direkt neben der Casa Mila: Küche, Bad, Kinder, Büro, Kerzen, Möbel und, und, und. Hier sollte man einen Besuch nicht versäumen, denn das Angebot ist vielseitig und zeigt auch Produkte, die es nicht überall zu sehen gibt. Die spanische Antwort auf „The Conran" in London.

Passeig de Gracià, 96, 08008
Barcelona
Tel: 0034 93 2156050
www.vincon.com
Montag – Samstag 10.00 – 20.30 Uhr

## DIE DEKONSTRUIERTE STADT

Dass Barcelona sich nicht gerne einordnen lässt, zeigt sich schon bei einem ersten Blick auf den Stadtplan. Die Viertel und Quartiere sind grundverschieden und wie ein riesiges kubistisches Kunstwerk aus großen charakteristischen Flächen zusammengesetzt. Beginnen wir mit der Ciutat Vella, Barcelonas Altstadt, sie teilt sich in vier unterschiedliche Viertel: Das gotische Viertel Raval, westlich der Rambles, das Barri Gòtic östlich der Rambles, mit der imposanten katholischen Kathedrale und dem belebten Plaça de Sant Jaume, es wird begrenzt durch die Via Laietana. Kreuzt man sie, so kommt man in das Viertel El Born mit der Kirche Santa María del Mar und dem Museu Picasso. Davor, am Wasser gelegen, erstreckt sich das alte und neue Hafenviertel mit dem ehemaligen Fischerdorf Barceloneta und wunderbaren Promenaden und Stränden.

Die gesamte Altstadt war bis Mitte des 19. Jahrhunderts mit einer Stadtmauer umgeben. Doch die steigende Zahl der Anwohner und die durch die Industrialisierung zuziehenden Emigranten machten die Lebensbedingungen in den viel zu engen Stadtmauern unerträglich. Dies führte zum Abriss der Stadtmauer und zur Planung eines riesigen neuen Stadtgebietes, das den alten Kern von Barcelona mit den umliegenden, ebenfalls expandierenden Dörfern wie beispielsweise Grácia verbinden soll. Die Erweiterung, katalanisch Eixample genannt.

Der Plan des Eixample baut auf einer Rasterstruktur auf, jeder Häuserblock hat eine Kantenlänge von 113 Metern und wird unterteilt von 20 Meter breiten Straßen. Hier entstanden bedeutende Beispiele der katalanischen Variante des Jugendstils – *Modernisme* genannt – wie die Casa Mila und die Casa Bátllo, von Antoni Gaudí am Passeig de Grácia.

Nördlich der Altstadt und des Eixample liegt der 213 Meter hohe Montjuïc. Er wurde erst 1929 zur Weltausstellung urbanisiert und an die Stadt angegliedert. Hier befinden sich wichtige Museen und Kunstsammlungen wie die Fundació Miró und das Museu Nacional d'Art de Catalunya. Es beherbergt die eindrucksvollste Kunstsammlung der Stadt, darunter einige spektakuläre romanische Fresken aus dem 12. Jahrhundert.

## AUF DEN SPUREN DES MODERNISME

Die inneren Viertel von Barcelona sind ein Freilichtmuseum für den katalanischen Jugendstil. Es gibt zahllose Häuser, Paläste und Ladeneinrichtungen, die ganze Häuserblöcke zu einem architektonischen Gesamtkunstwerk machen.

Um die Pracht des *Modernisme* in vollen Zügen zu erleben, brauchen Sie bequeme Schuhe und den vom Centre de Turisme herausgegebenen *Guide La Ruta de Modernisme*. Er enthält nicht nur eine ausführliche Beschreibung und Fotos der 115 wichtigsten Beispiele des *Modernisme*, sondern auch Stadtpläne und Gutscheine für den reduzierten Eintritt der für die Öffentlichkeit zugänglichen Orte. Der *Guide de Modernisme* ist in Buchhandlungen und den Büros des *Centre de Turisme* erhältlich.

Centre del Modernisme
im Centre de Turisme de Barcelona
Plaça de Catalunya, 17, Barcelona
Tel: 0034 902 076621
www.barcelonaturisme.com
Täglich 9.00 – 21.00 Uhr

Modernisme One-Stop

Wenn die Zeit knapp oder die Füße schon zu müde sind, um stundenlang durch das Eixample zu streifen, lassen Sie sich einfach mit dem Taxi oder der U-Bahn zur Ecke Passeig de García und Carrer D'Arrago bringen (U-Bahn Station Passeig de García). Dort finden Sie den *Manzana de la Discordia*, den sogenannten Zankapfel, ein Häuserblock, in dem sich nebeneinander einige der berühmtesten *Modernisme*-Bauten befinden – wie die Casa Amatller von Josep Puig, die Casa Lleó Morera von Lluís Domènech und die Casa Batlló von Antoni Gaudí. Die berühmte Casa Milà von Antoni Gaudí befindet sich vier Blocks weiter nördlich auf dem Passeig de García. Nehmen Sie alle Kräfte zusammen und wandern Sie hinauf an den prächtigen Fassaden und Straßenlaternen vorbei. Die von 1906 bis 1910 erbaute Casa Milà ist Barcelonas wichtigste architektonische Sehenswürdigkeit und Gaudís letztes Werk, bevor er sich nur noch der Sagrada Família widmete. Sie bricht mit allen damals gängigen Konventionen und löste eine Welle der Empörung aus. Das achtstöckige Gebäude ist um zwei Innenhöfe gebaut und besitzt die erste Tiefgarage Barcelonas.

Alles an der Casa Milà ist rund und geschwungen, im ganzen Haus wird man nicht eine einzige Mauer mit rechtem Winkel finden. Die Wohnung der Familie Milà kann man heute besichtigen, genau wie das spektakuläre Dach, dessen bizarre Kamine zu den meistfotografierten Objekten Barcelonas gehören.

Casa Milà (La Pedrera)
Provença, 261-265, 08008 Barcelona
Tel: 0034 90 2202138
Täglich 9.00 – 20.00 Uhr,
letzter Einlass 19.30 Uhr

## MODERNE KUNST IN RAVAL

Westlich der Rambles erstreckt sich das ebenfalls gotisch geprägte Raval. Das ehemalige Rotlichtviertel befindet sich im Umbruch. Auch wenn hier noch immer vor Taschendieben gewarnt wird, haben sich in den letzten Jahren viele Galerien angesiedelt. Im Zentrum dieses neuen

Kunstquartiers steht das von Richard Meier erbaute MACBA Museu d'Art Contemporani.

**MAC BA Museu d'Art Contemporani de Barcelona**

Der moderne weiße Block bildet einen spannenden Kontrast zu den umliegenden Gebäuden. In diesem Museum für zeitgenössische Kunst findet sich eine umfangreiche Sammlung mit Werken des Zwanzigsten Jahrhunderts.

Gleich nebenan liegt die Casa de la Varita, ein im 14. Jahrhundert erbautes riesiges Krankenhaus, das heute Barcelonas wichtigstes Kulturzentrum ist. Hinter den alten Mauern verbirgt sich ein moderner architektonischer Kern mit einem schönen Innenhof. Auf einer der Marmorbänke sitzend kann man beobachten, wie sich hoch oben in den Scheiben des verglasten Gebäudes das Meer und der Hafen spiegeln.

MACBA
Plaça dels Àngels, 1, 08001 Barcelona
Tel: 0034 93 4120810
www.macba.es
Montag, Mittwoch – Freitag
11.00 – 19.30 Uhr, Samstag
10.00 Uhr – 20.00 Uhr, Sonn- und
Feiertage 10.00 – 15.00 Uhr,
Dienstag geschlossen

CCCB
Carrer Montalegre, 5, 08001 Barcelona
Tel: 0034 93 3064100
www.cccb.org
Dienstag – Sonntag 11.00 – 22.00 Uhr

## SONNTAG IN UND UM BARCELONA

Der Sonntag gehört in Barcelona der Familie, fast alle Geschäfte und viele Restaurants sind geschlossen. Viele Barcelonesen fahren ans Meer oder in die Berge. Darum sollten auch Sie sich für den Sonntag etwas Besonderes vornehmen. Versuchen Sie nicht alle Sehenswürdigkeiten abzuklappern, sondern steuern Sie lieber ein Ziel an, das Ihnen dafür besonders lange in Erinnerung bleibt.

Sardana tanzen vor der Kathedrale

*Sardana* ist der katalanische Nationaltanz, als typischer Volkstanz wird er im Kreis getanzt und besteht aus einer sich wiederholenden Abfolge von langen und kurzen Schritten, Sprüngen und Drehungen. Jeden Sonntag von 12.00 bis 14.00 Uhr treffen sich Barcelonesen jeden Alters zum *Sardana*-Tanzen vor der Kathedrale auf der Plaça de la Catedral. Darunter sind professionelle Tanzgruppen in wunderschönen Kostümen, aber auch Gruppen von Anfängern, die hier ihre ersten Schritte wagen. Machen Sie sich zunächst bei den Profis mit der Grundstruktur des Tanzes vertraut und reihen Sie sich dann bei einer der weniger perfekten Gruppen ein. Mittanzen ist hier ausdrücklich erwünscht, nur Mut, es kostet schließlich nur einen kleinen Augenblick Überwindung, bringt Ihnen aber ein Erlebnis, das Sie sicher niemals vergessen werden.

Bootsfahrt mit den Golondrinas

Der Hafen von Barcelona ist eine Stadt für sich, mit den *Golondrinas* können Sie einen kleinen Teil davon entdecken. Die traditionellen Ausflugsboote sind wichtiger Bestandteil aller Barceloneser Kindheitserinnerungen. Die kleine Flotte lädt ein zu einer 90-minütigen Rundfahrt durch den Alten Hafen und den neuen Olympischen Hafen. Die Boote legen jedoch auch zwischendurch an unterschiedlichen Stellen an, so dass, wer Lust hat, aussteigen und entlang der wunderschönen Hafenmole zu Fuß zurückspazieren kann.

Las Golondrinas
Abfahrt am Alten Hafen, gegenüber dem Columbus Denkmal
Portal de la Pau/Moll de Drassanes,
Tel: 0034 93 4423106
Abfahrt täglich: 11.30 Uhr, 12.30 Uhr, 15.30 Uhr, 16.30 Uhr, 17.30 Uhr, 18.30 Uhr

Zur schönen Aussicht auf den Tibidabo

Um einen Ausflug in die Berge zu machen, muss man Barcelona gar nicht verlassen. Der 500 Meter hohe Hausberg Tibidabo liefert alles, was man für ein kleines alpines Erlebnis braucht, inkl. Zahnradbahn, Aussicht und Raststation. Sie fahren zunächst mit der U-Bahn zur Haltestelle Avinguad del Tibidabo, dort steigen Sie um in die Tramvia blau, Barcelonas historische Straßenbahn, die bringt sie bis zum Peu del Funicular, der Talstation der Zahnradbahn. Und dann geht es gemächlich nach oben. Dort erwartet Sie ein wunderbarer Ausblick, Barcelona und das Meer liegen Ihnen zu Füßen.

## Schlemmen unter Einheimischen

La Caseta del Migdia war immer einer der besten Geheimtips der Stadt. Heute ist es von mehr und mehr Menschen entdeckt und weitergeflüstert, deshalb müssen Sie unbedingt reservieren.

Ein katalanisches Barbecue auf der La Caseta del Migdia ist einfach herrlich. Wie ein kleiner Ausflug ins Grüne, auf eine einfache Hütte mit Liegen zum Chillen. An Bierbänken können Sie gegrilltes Hühnchen oder „botifarra", katalanische Würstchen mit Bohnen, genießen. Egal ob Sie den Sonnenuntergang ansehen oder später den funkelnden Hafen von Barcelona, der Ausblick lohnt sich in jedem Fall. Da sich die kleine, von

Bäumen umgebene Oase etwas weiter oben befindet, sollten Sie unbedingt eine Jacke mitnehmen.

Zu Fuß folgen Sie etwas zehn Minuten dem Weg Cami del Mar südlich um das Kastell herum oder aber fahren Sie mit dem Taxi hinauf.

La Caseta del Migdia

2 Camí del Mar

Mirador del Mar, Passeig del Migdia

Tel: 0034 693 992760

http://www.lacaseta.org/

Winter: Samstag – Sonntag Mittags – Sonnenuntergang, Sommer (ab Juni): Mittwoch 21.00 – 24.00 Uhr Donnerstag – Freitag 20.00 Uhr – 1.00/2.00 Uhr, Samstag 12.00 – 2.00 Uhr, Sonntag: 12.00 – 24.00 Uhr

## Der Strand in der Stadt

Am Sonntag zieht es die Barcelonesen an den Strand und der liegt praktischerweise mitten in der Stadt. Für die Olympiade 1992 wurden die Strände Barcelonas gründlich gereinigt, erweitert und teilweise neu angelegt. Heute sind es insgesamt 4 km weißer Strand, der zum Baden oder Flanieren einlädt. Natürlich sind diese Strände am Wochenende voller Sonnenanbeter, Einsamkeit sucht man hier vergeblich, dafür findet man aber ein schier unerschöpfliches Unterhaltungsprogramm, das einem kostenlos von den anderen Badegästen dargeboten wird. Bleiben Sie am besten gleich am ersten Strandabschnitt Barceloneta, setzen Sie sich an eine der Strandbars, bestellen Sie sich einen kühlen Aperitif und genießen Sie das Schauspiel, das sich Ihnen bietet. Wenn der erste Hunger aufkommt, empfehlen wir Ihnen einen Streifzug durch die umliegenden Tapas Bars des gleichnamigen Hafenviertels Barceloneta, probieren Sie sich ruhig durch und bleiben Sie, wo es Ihnen gefällt.

## Auf zum Montjuïc

Das ideale Nachmittagsprogramm nach einem Vormittag am Strand. Die Seilbahn, die den Hafen mit dem 213 Meter hohen Montjuïc verbindet, startet am Torre de San Sebastian. Der Berg, der scheinbar nur zum Vergnügen da ist, wurde anlässlich der Weltausstellung 1929 erschlossen. Heute erstreckt sich hier ein wunderbarer Park, mit herrlichen Aussichten, phantastischen Museen und einem Freilichttheater.

Wenn Sie sich für mittelalterliche Kunst interessieren, besuchen Sie unbedingt das Museu Nacional d'Art de Catalunya. Es enthält die größte Sammlung mittelalterlicher Fresken, von ihnen ließ sich auch Joan Miró inspirieren, sein Werk können Sie ganz in der Nähe in der Fundació Miró bewundern. Der klare moderne Bau beherbergt das komplette Werk von Miró und ist Raum für Raum von natürlichem Licht durchflutet. Kunst, Architektur und die Atmosphäre des Montjuïc werden so zum besonderen Erlebnis. Oder Sie steuern direkt den Pavelló Mies van der Rohe an, ein Nachbau des anlässlich der Weltausstellung entstandenen Bauhaus-Pavillons. Er enthält selbstverständlich auch den zu diesem Anlass entworfenen Barcelona-Stuhl.

Mies van der Rohe Pavillon
Av. Francesc Ferrer i Guàrdia, 7,
08038 Barcelona
Tel: 0034 93 4234016
Täglich 10.00 – 20.00 Uhr

Nur 40 Minuten mit dem Zug entfernt liegt die kleine Stadt Sitges direkt am Meer. Die perfekte Mischung aus allem, was die Barcelonesen lieben, eine schöne Altstadt mit verwinkelten Gassen und netten kleinen Läden, schöne breite Strände und eine lange Promenade mit erstklassigen Restaurants, auf deren Terrassen man fangfrischen Fisch essen kann. Am Passeig de la Ribera reiht sich ein Restaurant an das andere, besonders zu empfehlen sind Cal Pinxo, El Velero und Mare Nostrum. Kein Wunder, dass sich die Fußballstars von FC Barcelona und viele andere Sitges als Wohnsitz gewählt haben. Alle Vorteile von Barcelona ohne den Stress und den Verkehr. Wir könnten verstehen, wenn Sie hier länger bleiben würden und möchten Ihnen für diesen Fall das schöne Strandhaus Salon Barcelona wärmstens empfehlen. Dann hätten Sie auch Zeit, das Museu Cau Ferrat zu besuchen, es zeigt eine Privatsammlung spanischer Künstler wie Rusiñol, Ramón Casas, El Greco, Zuloaga und Picasso und ist in einer wunderschönen alten Villa untergebracht.

Anfahrt:
Mit dem Nahverkehrszug vom Bahnhof Barcelona Sants. Nr. 2 der Renfe Rodalíes in Richtung St. V de Calders.

Cal Pinxo, Passeig de la Ribera, 5
Tel: 0034 93 8948637
Modern und frisch. Spezialitäten: Fideuás, Arroz und Fisch

Mare Nostrum
Passeig de la Ribera, 60
Tel: 0034 93 8943393
Modern mit großer Terrasse
Spezialitäten: Fideuás, Arroz und Fisch

El Velero, Passeig de la Ribera, 38
Tel: 0034 93 8942051
Traditionell, gediegen
Spezialitäten: Fideuás, Arroz und Fisch

Museu Cau Ferrat, Carrer Fonollar
Tel: 0034 93 8940364

Joan Miró

Die Gegensätzlichkeit von *Rauxa y Seny* zeigt sich auch im Werdegang des großen katalanischen Künstlers Joan Miró. Sein Vater, ein Juwelier und Uhrmacher, hatte das Leben seines Sohnes bereits ganz genau geplant. Solide sollte es werden und ordentlich, darum zwang er den Jungen zu einer Ausbildung an der Handelsschule. Joan, der sich zu etwas ganz anderem berufen fühlte, nahm parallel Kunstunterricht. Widerstrebend begann er 1910 dem Willen des Vaters entsprechend als Buchhalter zu arbeiten, doch seine Phantasie, Kreativität und der Wille nach Veränderung, kurz *Rauxa*, waren stärker als er. Miró machte die Arbeit im Büro krank, er erlitt einen schweren körperlichen Zusammenbruch und endlich sah auch der Vater ein, dass sein Sohn zu etwas anderem geboren war. Nachdem sich Miró erholt hatte, schrieb er sich an der Academia Gali ein, die er nach drei Jahren verließ, um als freier Künstler zu arbeiten. Dabei wurde er stark von den französischen Kubisten beeinflusst und zog schließlich nach Paris. Dort lernte er Max Ernst und Wassily Kandinsky kennen. Auch sie prägen sein Werk. Im Laufe der folgenden Jahre entwickelte Miró nicht nur eine vollkommen eigene Welt aus surrealen Zeichen und Formen, sondern arbeitete auch verstärkt mit Collagen und später auch Keramiken. Die politische Situation in Spanien und der Ausbruch des spanischen Bürgerkriegs veranlassten den Künstler dazu, zahlreiche politische Plakate zu entwerfen. Bis 1940 blieb er im freiwilligen Exil in der Normandie, 1940 kehrte er zunächst nach Barcelona zurück und ließ sich schließlich in der Heimat seiner Frau auf Mallorca nieder. In der Fundació Miró in Palma de Mallorca kann man sein ehemaliges Wohnhaus und Atelier besichtigen. Auf dem Monjuïc in Barcelona gibt es eine weitere Fundació Miró, ein lichtdurchflutetes Museum, das von Mirós Freund, dem Architekten Josep Lluís Sert, entworfen wurde. Es wurde 1973 eröffnet und zeigt Leben und Werk des großen Surrealisten.

Fundació Joan Miró
Parc de Montjuïc, Barcelona
Tel: 0034 93 4439470
www.bcn.fjmiro.es
Dienstag – Samstag 10.00 – 19.00 Uhr,
Donnerstag bis 21.30 Uhr, Sonntag
10.00 – 14.30 Uhr, Montag geschlossen

Pablo Picasso

Auch wenn er kein gebürtiger Barcelonese ist, so sind Picasso und Barcelona doch untrennbar miteinander verbunden. Picasso wurde in Málaga geboren und kam mit 14 Jahren nach Barcelona. Sei Vater unterrichtete an der hiesigen Kunstakademie, wo auch Picasso studierte. Von Anfang an galt er als sagenhaftes Talent. Die Familie wohnte im Barri Gòtic unweit des alten Hafens in der Carrer de la Mercè. Picassos Atelier lag auf der anderen Seite der Rambles in der trubeligen Carrer Nou de la Rambla. Die Prostituierten der Carrer d'Avinyó inspirierten ihn zu einem Gemälde Demoiselles d'Avignon – das Bild, mit dem alles begann, das erste kubistische Werk Picassos und der offizielle Beginn der modernen Kunst.

Das Picasso-Museum befindet sich heute nur wenige Straßen von diesen geschichtsträchtigen Plätzen entfernt im Viertel Born. Es erstreckt sich über fünf miteinander verbunden mittelalterliche Paläste und wurde 1963 gegründet. Grundstock des Museums war die Sammlung von Jaime Sabartes, Picassos Freund und Privatsekretär.

Picasso, der nach dem spanischen Bürgerkrieg aus Protest gegen das Franco-Regime in Frankreich blieb, war lange gegen dieses Museum in Barcelona gewesen. Erst nach dem Tod seines Freundes Sabartes 1968 gab er sein offizielles Einverständnis und fügte selbst einige Gemälde hinzu. Heute besitzt das Museu Picasso die umfassendste Sammlung seines frühen Schaffens, insgesamt über 3000 Werke, darunter viele Keramiken. Man könnte hier ohne weiteres Tage verbringen, und das Museum für sich ist schon eine Reise nach Barcelona wert.

Museu Picasso
Carrer de Montcada 15–23,
08003 Barcelona
Tel: 0034 93 2563000
www.museupicasso.bcn.es
Dienstag – Sonntag 9.00 – 19.00 Uhr,
Donnerstag 9.00 – 21.30 Uhr

Antoni Gaudí

Barcelona und das Werk von Antoni Gaudí sind durch und durch miteinander verwoben. Er wurde 1852 als Sohn eines Kesselschmieds geboren. Da er als kleines Kind unter einer rheumatischen Erkrankung litt, war er oft vom Spiel mit anderen Kindern ausgeschlossen, er beschäftigte sich alleine und liebte es, Blumen, Blätter und Bäume stundenlang zu beobachten. Diese Liebe zu organischen Formen hat seinen Architektur-Stil und sein ganzes späteres Leben geprägt. Auf Schritt und Tritt begegnet man in Barcelona den Formen Gaudís, nicht nur in den Häusern des Eixample, dem Park Güell und der Sagrada Família, sondern auch im von Gaudí entworfenen floralen Ornament der Pflastersteine oder im Logo der Chupa-Chup-Lollies. Er prägte den *Modernisme*, die katala-

nische Form des Jugendstils. 1883 beauftragte man den Star der blühenden Barceloneser Architekturszene, die ein Jahr zuvor begonnene neogotische Kathedrale Sagrada Família fertigzustellen. Gaudí änderte alle Pläne und begann sein gigantisches Lebensbauwerk, dessen Fertigstellung bis heute nicht abzusehen ist. Der streng gläubige Gaudí investierte all sein Vermögen in den Bau und lebte ab 1914 wie ein Eremit in der Krypta der Kirche. Am 7. Juni 1926 wurde Gaudí auf dem Weg vom allmorgendlichen Besuch im Oratorium des heiligen Philipp Neri zur Baustelle der Sagrada Família von einer Straßenbahn erfasst. Aufgrund seines verwahrlosten Äußeren wurde er zunächst in das Armenkrankenhaus Hospital de la Santa Creu gebracht. Dort starb er drei Tage später. Die ganze Stadt war in tiefer Trauer. Tausende gaben ihm die letzte Ehre. Nachdem die Arbeiten an der Kirche durch den Bürgerkrieg für Jahrzehnte zum Erliegen gekommen waren, wird die Sagrada Família jetzt, finanziert durch öffentliche Spenden, weitergebaut. Gaudí, der von einer unglaublichen Phantasie und kreativen Willenskraft beflügelt war, verbrachte sein Leben keusch wie ein Mönch. Im Jahre 2000 wurde von der römisch-katholischen Kirche ein Seligsprechungsverfahren für ihn eingeleitet.

„Verloren im Labyrinth"
„Die Meere des Südens"
von Manuel Vázquez Montalbán

Montalbán ist einer der profilierten spanischen Autoren der Gegenwart, er hat mit der Figur des Meisterdetektivs José Pepe Carvalho einen Klassiker geschaffen. Carvalho tritt in seinen Kriminalromanen als Privatdetektiv, Ex-Kommunist, Ex-CIA-Agent und Feinschmecker auf. Charakteristisch für Carvalho ist seine Liebe zur gehobenen Küche, verbunden mit übermäßigem Weinkonsum, sowie sein Zynismus oder die Gewohnheit, nach und nach seinen Buchbestand im Kaminfeuer zu verheizen. Sein Büro unterhält Carvalho direkt an den Rambles im Herzen Barcelonas, sein Wohnsitz liegt leicht außerhalb an den Hängen des Tibidabos von Vallvidera.

„Alles über meine Mutter"
Regie: Pedro Almodóvar (1999)

Es geht um Frauen, besser gesagt um Menschen, die gerne Frauen wären und um Manuela (Cecilia Roth), die nicht weiß, wie sie ihrem Sohn Estéban beibringen soll, dass sein Vater Transvestit ist. Doch das Schicksal nimmt einen anderen Lauf. An seinem 18. Geburtstag kommt Estéban bei einem Unfall ums Leben. Manuela kehrt nach Barcelona zurück, in die Stadt, die sie vor 18 Jahren fluchtartig verließ. Dort trifft sie in einem Strudel von Ereignissen alte und neue Freunde. Gerade als es scheint, dass Manuelas Leben wieder einen Sinn bekommt, taucht Lola (Toni Canto), Estébans transsexueller Vater, aus dem Nichts auf – ganz in Schwarz wie ein Schatten: der Tod in Person ...

# DO SOMETHING YOU HAVE
# NEVER DONE BEFORE

Der FC Barcelona ist mehr als ein Fußball-Club. Er ist Religion, Partei und Familie in einem. Im Camp Nou-Stadion schlägt das Herz der Barcelonesen und eines Großteils der Fußball-welt. Auch wenn Sie kein Fußball-Fan sind, sollten Sie sich dieses einzigartige Erlebnis nicht entgehen lassen, an einem Ort, wo Spieler wie Ronaldinho Millionen von Menschen in tiefste Verzweiflung und zu Gipfeln des Glückes führen. Das Camp Nou fasst 98 000 Zuschauer und ist durchschnittlich zu 88% ausverkauft. Das ist beeindruckend, zeigt aber auch, dass für jedes Spiel noch genügend Tickets frei sind, sei es spon-tan erworben oder sicherheitshalber im Voraus übers Internet gebucht.

Camp Nou
Carrer Aristides Maillol, 08028 Barcelona
Tel: 0034 93 4963600
http://www.fcbarcelona.com/camp-nou

Tickets: Tel: 0034 902 33 22 11
www.servicaixa.com
www.barcelona-football-tickets.com

## WICHTIGE INFORMATIONEN

Tourist office:
Turisme de Barcelona
Plaça de Catalunya, 17 Untergeschoss
http://www.barcelonaturisme.com/
Öffnungszeiten:
Montag – Samstag 10.00 – 19.00 Uhr,
Sonntag 10.00 – 14.00 Uhr

City Websites:
www.bcn.es
www.barcelona.com

Telefonieren:
Spanien: 0034
Barcelona: 93

Transport Flughafen:
El Prat: mit dem Taxi ca. 20–30 Min./ca. 35 Euro
Bus zum Plaça de Catalunya:
ca. 40 Min./ca. 5 Euro

Taxiruf:
0034 93 3300300
0034 93 4331020

Fahrrad ausleihen:
Un cotxe menys
Carrer de l´Espartería, 3 ,
08003 Barcelona
Tel: 0034 93 2682105

Al punt de trobada
Carrer Badajoz, 28,
08005 Barcelona
Tel: 0034 93 2216367

Stadtmagazin:
Guía del Ocio
B-Guided

Freitag:

Samstag:

Sonntag:

# LUST AUF DAS WELTWEIT BESTE?

Die Buchreihen „Ein perfektes Wochenende ..." und „Eine perfekte Woche ..." werden vom Online-Travelguide www.smart-travelling.net in Kooperation mit Süddeutsche Zeitung Edition herausgegeben.

Auf smart-travelling.net gibt es:

- ☞ Handverlesene und aktuelle Tipps und Adressen für über 50 Städte und Regionen
- ☞ Blog mit kulinarischen Highlights und spannenden Interviews
- ☞ Direkte Buchungsmöglichkeit von Hotels

Reisen Sie mit uns um die Welt!

facebook.com/smarttravelling

instagram.com/smarttravelling